MERIAN *live!*

1.10
2/22

Turkije Zuidkust

Michael Neumann-Adrian
en Christoph K. Neumann

Deltas

Een frisdrankje voor het hele gezin op een picknickplaats in Alanya

Inhoud

Welkom aan de zuidkust van Turkije

Een kuststreek stelt zich voor	4
Reis en aankomst	10
De zuidkust van Turkije met en zonder auto	11
Hotels en ander logies	14

De zuidkust van Turkije beleven

Eten en drinken (met kleine woordenlijst)	19
Winkelen	25
Sport en strand	28
Feesten en festivals	33

Mooie steden en dorpen

Adana	35
Alanya	45
Antakya	53
Antalya	61
Fethiye	71
Kaş	78
Köyceğiz	83
Marmaris	87
Silifke	91

Uitstappen

Met de auto: Naar het St.-Simeon-Stilitisklooster bij Antakya	100
Met de auto: Naar de burcht van Anamur	102
Met de boot: Naar het eiland Kekova en de verzonken stad	103
Te voet: Naar het woeste berggebied rond Termessos	104
Te voet: Naar de Hettieten van Karatepe	106
Te voet: Door de cañon van Saklıkent	108

Belangrijke informatie

De zuidkust van Turkije van A tot Z	109
Register	117

Kaarten en plattegronden

zuidkust van Turkije, westelijk deel: vooraan; **zuidkust van Turkije, oostelijk deel:** achteraan; **Adana:** blz. 36; **Alanya:** blz. 50; **Antakya:** blz. 54; **Antalya:** achterzijde omslag; **Fethiye:** blz. 72; **Kaş:** blz. 80; **Silifke:** blz. 92

Een paradijs voor zonaanbidders, zeilers, duikers, bergbeklimmers en amateur-archeologen is deze kust, waar ook Cleopatra heeft gezwommen.

'Op een bark met een gouden achtersteven, waarvan de purperen zeilen in de wind opbolden, voer zij over de rivier de Kydnos, terwijl haar roeiers het water streelden met zilveren roeispanen, die op de maat van fluiten en luiten werden ondergedompeld. Cleopatra zelf lag onder een baldakijn van goudbrokaat, gekleed als Afrodite. Een bedwelmende geur steeg op uit talloze wierookvaten en waaide van het schip naar de oever van de rivier.' Zo naderde vele jaren geleden de Egyptische koningin de stad Tarsus aan de zuidkust van Turkije.

Niemand gaat tegenwoordig nog met de boot naar Tarsus, want de haven is al lang dichtgeslibd. Maar u kunt natuurlijk wel op een Turks **gulet**, evenals Antonius en Cleopatra, langs de kust varen. De **gulets**, de traditionele Turkse zeilschepen met hun fraai versierde houten relingen, gouden ornamenten aan boeg en achtersteven, liggen aan de kaden van de jachthavens van Marmaris tot Mersin. U kunt ze ook huren.

De typische, diepe baaien en kleine eilanden in de Baai van Fethiye

'Blauwe Reis' noemt men wel eens de zeiltocht van baai naar baai, onder de beboste hellingen en sneeuwtoppen van het Taurus-gebergte.
1000 kilometer lang, van Karië in het westen tot in de Kaukasus in het oosten, met een hoogte van meer dan 3000 meter rijzen de **Toros Dağları**, de Taurusbergen, boven de Turkse zuidkust op. Adembenemende steile kustgebieden, uitgestrekte stukken aangeslibd land in de rivierdelta, zoetwaterlagunes, druipsteengrotten, tot 70 kilometer lange zandstranden, vele kapen met burchtkantelen, beboste dalen tot aan zee en verlaten baaien vormen het beeld van een kustlandschap dat uniek is in heel Europa.
In Turkije is men voorzichtig te werk gegaan. Terwijl elders langs de stranden aan de Middellandse Zee de betonnen hotelcomplexen in de jaren vijftig en zestig het landschap overwoekerden, bleef aan de Turkse zuidkust een ongerepte regio bewaard van antieke ruïnes en verafgode helden, van vissers en geitenhoeders.
Alexander is langs deze kust gereisd, de Romeinse veldheer Antonius heeft Cleopatra Cilicië geschonken, keizer Barbarossa werd als aanvoerder van een leger van kruisvaarders gedood bij Silifke, op enkele kilometers van de Middellandse Zee verwijderd. Arabieren, Grieken, Seldjoeken en Armeniërs vochten om havens en handelsroutes. Onder de heerschappij van de Osmanen bleef het gedurende lange tijd kalm aan de zuidkust.

De vissers kunnen nog voldoende vis uit de Middellandse Zee halen.

Het Zuid-Antalya-project: een successtory

Antalya, de 'glimlachende schoonheid van het zuiden van Turkije', telde halverwege de jaren zestig slechts 50.000 inwoners en was toch de grootste stad na Mersin, dat ver in het oosten ligt. Tegenwoordig wonen in Antalya bijna 600.000 mensen. Het 'toeristische ontwikkelingsproject Zuid-Antalya', kortweg ook 'Kemer-project' genoemd, veranderde de kleine vissershavens, de boerengehuchten en de zandpaden in een vakantieregio van jachthavens, vakantiedorpen en snelwegen. Er werden elektriciteits-

en drinkwaterleidingen aangelegd, panoramawegen en tunnels ontsloten de steile kustgebieden en jonge mensen van het platteland werd geleerd hoe zij in de restaurants de tafels moesten dekken.
In de toeristenindustrie is het aantal gasten een maatstaf voor het succes. Sinds 1995 kent de toeristenindustrie in Turkije een aangroei van meer dan 30%. Voor de eerste keer kwamen er in één maand meer dan een miljoen toeristen naar Turkije. Het aantal vakantieplaatsen aan de zuidkust dat in de jaren tachtig bekendheid genoot, zoals Marmaris, Antalya en Side, is inmiddels toegenomen. Tot de nieuwe, drukbezochte vakantiecentra behoren o.a. Sarıgerme, Tekirova en Belek.
Maar wat is de keerzijde van de medaille? Verwoest zo'n sterke opleving met zo'n hoog jaarlijks groeipercentage in de Turkse toeristenindustrie niet het landschap?
Als u nu langs de kust rijdt en u vergelijkt dat met vroegere reizen, dan zal u dat reuze meevallen. Waar sinaasappelplantages waren, zijn nu vakantiecentra en luxehotels verschenen, maar de toeristische hoogbouw past zich op enkele uitzonderingen na helemaal aan het landschap aan. Dankzij de speciaal beschermde gebieden kunnen natuurliefhebbers trouwens nog steeds ten volle genieten van afgelegen baaien en ongerepte bossen.
Verder naar het oosten toe, in de richting van Mersin, is de kust op enkele plaatsen helemaal volgebouwd.

Een nieuw instrument voor de bescherming van het landschap

In de hoofdstad Ankara heeft men tijdig ingezien dat een landschap dat ontsierd wordt door ongebreidelde bouwactiviteiten, op den duur geen toeristen meer aantrekt. Turkije kent al lang beschermde nationale parken, waarvan het grootste het **Olimpos Beydağları Park** ten westen van Antalya is, met 70.000 hectare. Bovendien besloot men om 'Specially Protected Areas' in te voeren.
In de belangrijke toeristische kustregio van Datça/Marmaris tot Kızkalesi bij Silifke werden niet minder dan zeven van de thans in totaal twaalf Turkse beschermde gebieden ingericht. In deze 'Specially Protected Areas' moeten overeenkomstig de Turkse milieuwetgeving en de Conventie van Barcelona over beschermde gebieden aan de Middellandse Zee natuur- en cultuurmonumenten bewaard blijven, moeten toekomstige ontwikkelingsprojecten volgens ecologische 'Master Plans' beheerd worden en moet de toeristenindustrie 'voorzichtig' opereren. Milieubeschermers weten natuurlijk dat een uitbreiding van zulke beschermde gebieden niet betekent dat ze ook daadwerkelijk behouden blijven. Zo ligt bijvoorbeeld de bevoegd-

heid voor bouwvergunningen niet bij de voor de 'Specially Protected Areas' bevoegde overheidsinstantie: ze heeft alleen recht van inspraak, en het moet nog blijken wat dit recht in de praktijk betekent.
Dit zijn de zeven beschermde gebieden, van het westen naar het oosten: Datça-Bozburun, Köyceğiz-Dalaman, Fethiye-Göcek, Patara, Kekova en omgeving, Belek bij Antalya en de Göksu-delta bij Silifke. Elk van deze gebieden is een bezoek waard.

Heel goede waterkwaliteit

De beoordeling van officiële instanties die de zeewaterkwaliteit aan de zuidkust tussen Marmaris en Gazipaşa (ten oosten van Alanya) hebben gecontroleerd, luidt: 'heel goed', en dat is een heel stuk beter dan langs de stranden van Spanje en de Adriatische Zee, de Noordzee en de Oostzee. De onderzochte kustgebieden van Turkije worden ook niet vervuild door industrie.

Meer dan een mooie zee

Behalve zwemmen, surfen, duiken en zeilen kan de vakantie aan de zuidkust ook op een andere manier worden doorgebracht. De gemiddelde bezoeker kwam tot nu toe bijna uitsluitend naar de zuidkust van Turkije voor een vakantie aan zee en/of om plaatsen uit de Oudheid te bezichtigen. Maar tegenwoordig neemt de belangstelling voor bergwandelingen toe. Wie bij het plaatselijke Tourist Office inlichtingen inwint, krijgt weliswaar te horen

In het bosrijke achterland ligt het nationaal park Olympos bij Antalya.

Marmeren standbeeld in het museum van Side

dat de wegen nog onvoldoende met borden zijn aangegeven, maar meestal kan men u tips geven naar welk **yayla** (alm of bergdorp) u moet rijden of wandelen om het typische landschap van het Taurus-gebergte te bewonderen. Aan de zuidkust van Turkije komt u ook enkele zeer fascinerende Grieks-Romeinse stadsruïnes en middeleeuwse burchten tegen: het theater van Aspendos, de door bossen bijna overwoekerde omgeving van Termessos, het schiereiland van Phaselis en de burchtmuren van Alanya, Anamur, Silifke en Toprakkale, waar de kruisridders en nomadenemirs resideerden.

Nog veel ouder zijn de Lycische sarcofagen en rotsgraven bij Fethiye en Kaş, de laatste herinnering aan immigranten uit Kreta ten tijde van Homerus, en de prachtige Hettitische reliëfs en beeldhouwwerken van Karatepe, ten oosten van Adana.

Veel van deze plaatsen bevinden zich nog in de oorspronkelijke staat; vooral ook omdat het archeologische onderzoek hier pas veel later plaatsvond in vergelijking met de westkust. Veel plaatsen zijn pas sinds kort ontdekt, terwijl andere zelfs nog niet opgegraven en onderzocht zijn.

Overblijfselen van de vroegchristelijke gemeenschappen vindt u vooral in het oosten, in Cilicië, waar de apostel Paulus rondtrok (die uit Tarsus afkomstig was), en in Antakya, waar de volgelingen van Jezus voor het eerst 'christenen' werden genoemd.

Een tocht naar het oostelijk deel van de zuidkust, naar Adana, Yumurtalık of Antakya, loont ook de moeite voor mensen die het dagelijkse leven in Turkije willen meemaken: de drukke bazaarstraatjes en de stille binnenplaats van de moskee, gezellige theetuinen en paardenwagens op vier wielen, waarvan de koetsiers hoog op de bok gezeten de wagens door de straten manoeuvreren.

Tot slot

Het belangrijkste advies voor een vakantie aan de zuidkust: ga in het voorjaar of in de herfst. Tot eind oktober zijn overal de hotels en pensions geopend en het is er lekker warm, zodat u ook kunt zwemmen. Bovendien is het er dan minder heet en minder druk.

De luchthavens van Dalaman, Antalya en Adana zijn de belangrijkste aankomstplaatsen. U kunt echter ook met de auto komen.

Met het vliegtuig

Verschillende luchtvaartmaatschappijen onderhouden bijna dagelijks lijnverbindingen met Turkije. Door de concurrentieslag kunt u goedkoop naar Dalaman, Antalya of Adana vliegen. De vliegduur bedraagt gemiddeld drie tot vier uur. U kunt ook van een ander vliegveld naar Nederland of België terugvliegen. Informeer ook eens naar goedkope campingvluchten.

Met de bus of met de auto

De reis per auto is omwille van de lange reistijd en de kosten nog steeds niet aan te bevelen. Zelfs als u de rechtstreekse route via München-Belgrado-Sofia-Edirne-Istanbul volgt, kunt u het beste twee keer overnachten. Vanuit Nederland of België bedraagt de reistijd naar Çanakkale ongeveer 40 tot 45 uur. Vandaar is het naar Antalya nog ongeveer 700 kilometer.
De bus is door de grote concurrentie nog steeds het goedkoopste vervoermiddel. Een alternatief is de autoslaaptrein en de autoveerboot. Laatstgenoemde heeft sinds kort ook een rechtstreekse verbinding met Antalya.

Met de boot

Het hele jaar door varen autoveerboten van de **Turkish Maritime Lines** tussen Venetië en Izmir, van juni tot september ook tussen Brindisi en Çeşme. De prijzen variëren afhankelijk van de klasse en voor-, hoog- en naseizoen. Kinderen, studenten en groepen krijgen korting.

Met de trein

De autoslaaptreinen, die jarenlang niet meer gereden hebben omwille van de problemen in Roemenië en de oorlog in voormalig Joegoslavië, rijden ondertussen opnieuw.

Reisbureaus

Sinds enkele jaren heeft een groot aantal reisbureaus zich speciaal toegelegd op Turkije. Wij raden u aan om bij verschillende reisbureaus de prijzen goed te vergelijken.

U hebt veel voordelen als u met de eigen auto of met een huurauto reist; maar ook met de bus en de dolmuş kunt u bijna overal komen.

Met de eigen auto

De afstand tussen Marmaris en Antakya bedraagt ongeveer 1100 kilometer. Deze 'Grand Tour' is een van de mooiste autoritten langs de Middellandse Zee. U rijdt grotendeels over wegen die enkele tientallen jaren geleden nog onverhard waren en door karren bereden werden, maar die tegenwoordig verbreed en geasfalteerd zijn. Over grote afstanden heeft u uitzicht op zee en het resterende traject voert u voornamelijk door mooie, beboste berggebieden. Sommige stukken in de bergen zijn onvoldoende met vangrails beveiligd en het is daarom ook raadzaam voorzichtig te rijden. Voorzichtigheid is ook geboden op de driebaanswegen, waarop inhalen uit beide richtingen is toegestaan en de automobilist voortdurend de neiging heeft om in te halen terwijl hij op de middelste baan geen tegenliggers verwacht.
Maar u hoeft nergens door het drukke verkeer in de binnensteden te rijden. De drie grote ste-

Op zijwegen moet u altijd rekening houden met koppige verkeersdeelnemers.

den Antalya, Mersin en Adana hebben ringlanen of u kunt er gemakkelijk doorheen rijden.
Als u Turkije niet in het hoogseizoen bezoekt, is de verkeersdichtheid buiten de steden en dorpen meestal klein. Op de nieuwe autosnelweg ten oosten van Adana, die voor de ontlasting van de drukke hoofdweg in de richting van Oost-Turkije en Syrië werd aangelegd, moet u echter tol betalen.
Buiten de bebouwde kom bedraagt de maximumsnelheid 90 km/uur, binnen de bebouwde kom 50 km/uur. U moet wel rekening houden met eigenzinnige verkeersdeelnemers (lastdieren) en langzame voertuigen en het is verstandig om bij uw verzekeringsmaatschappij te informeren of uw voertuig voldoende verzekerd is.
De Turkse verkeersborden komen overeen met de internationale borden. Er zijn voldoende tankstations in Turkije.

Huurauto's

In de centra langs de zuidkust kunt u terecht bij de grote internationale en bij talrijke kleinere bedrijven; de toeristische dienst geeft u de adressen.
U kunt een auto voor een dag huren, maar bijna overal is er ook een gunstiger 7-dagentarief. Buiten het hoogseizoen kunt u ook onderhandelen over de prijs.

Bus en dolmuş

Als u naar de **otogar**, het busstation vraagt, weet in Turkije iedereen waar dat is, want de bussen zijn het belangrijkste vervoermiddel. Maar zeg er wel bij

Tip

Bagdad-spoorlijn Bij Adana bereikt u het traject van de historische Bagdad-spoorlijn, die na 1903 werd aangelegd. Liefhebbers van treinen kunnen met de trein reizen of een speciale reis met de stoomtrein boeken. Informatie hierover kunt u inwinnen bij uw plaatselijke ANWB-kantoor of bij de Touring Club in België, bij het Turkse verkeersbureau in Nederland of in België of bij **Turkish Republic General Directorate of State Railways, Sleeping Cars and Tourism Department**, Ankara, tel. 3 12/3 11 49 94

waar u naartoe wilt, want in de grotere plaatsen vertrekken de snelbussen op andere plaatsen dan de streekbussen. Per bus reizen is in Turkije nog steeds goedkoop, terwijl het comfort en de snelheid bij de meeste maatschappijen goed te noemen zijn. Maar als u zich stoort aan harde muziek en video's, dan kunt u beter een huurauto nemen.

De **dolmuş** – de collectieve taxi die op bepaalde routes rijdt – is de goedkoopste variant op de individuele taxi en rijdt vooral tussen de uitgestrekte badplaatsen en het centrum van de steden en dorpen. De prijzen zijn door de gemeenten vastgesteld. Taxi's hebben een taximeter. Wegens de inflatie van de lira gelden echter ook omrekeningstabellen die u ter inzage kunt vragen.

Boot

Er bestaat weliswaar geen lijnverkeer langs de kust, maar aan de kaden van alle grote en ook veel kleine vakantieplaatsen liggen schepen en boten voor tochten naar baaien en eilanden of voor meerdaagse tochten langs de kust. In het programma van de dagtochten is meestal een picknick en muziek, vaak ook dansen en bijna altijd een duik in zee inbegrepen. Hoe groter het schip en bijgevolg het aantal passagiers hoe goedkoper in de regel ook de tocht.

Een tocht met een **gulet**, een hoog houten zeilschip dat naar traditioneel ontwerp tegenwoordig nog op de werven langs de zuidkust wordt gebouwd, heeft meer stijl.

Kleine boten brengen toeristen naar het eiland Kekova.

Twintig jaar geleden waren er enkel goedkope logeerplaatsen en een paar ouderwetse luxehotels. Nu is de keuze – ook aan goedkope adressen – groot.

Hotels en pensions

Sinds het midden van de jaren '80 werden in de toeristische centra heel wat hotels en vakantiedorpen bijgebouwd. Het ministerie van toerisme registreert bepaalde hotels en pensions, waar u gegarandeerd kwaliteit voor uw geld krijgt. Een opsomming van de hotels vindt u in de 'Hotel Guide', jaarlijks uitgegeven door TUROB, de Vereniging van Hotels en Operators. U kunt hem bestellen bij Ekin Publishing Center, Halaskargazi Caddesi Zafer Sokak 12, 80200 Habiye/Istanbul, tel. 0090/212/233 97 54, fax 247 44 60.

Behalve de door de staat geregistreerde hotels en pensions zijn er ook die door de 'belediye', de plaatselijke overheid, zijn geregistreerd. Overigens zijn er onder de hotels en pensions die nergens geregistreerd zijn, ook heel goede adressen. En vergeet vooral niet: in eenvoudige, kleine pensions wegen vaak de hartelijke ontvangst en de verzorging op tegen de eenvoud van de inrichting en het ontbijt.

Eerst zien, daarna reserveren

In principe is het in Turkije gebruikelijk dat men u bij de reservering de kamer laat zien, ook al is het maar voor een nacht. Tijdens de enorme opleving van de bouwactiviteiten in de jaren tachtig heeft menig groot luxehotel zijn prijzen aanzienlijk verhoogd – let hier dus goed op.

Goedkoop en luxueus

De prijs-kwaliteitsverhouding is meestal gunstiger dan in menige andere landen aan de Middellandse Zee. Als een overnachting met ontbijt in een tweepersoonskamer van 90 euro 'luxe' kan worden genoemd, dan weet u wat wij bedoelen. In Turkije kunt u zich voor relatief weinig geld nog laten verwennen.

Anders dan in Nederland en België is het prijsverschil tussen een- en tweepersoonskamers meestal heel gering. Als paar krijgt u meer voor uw geld. Voor kinderen krijgt u korting.

Hoogseizoen: warm en duur

Tijdens het hoogseizoen van juli tot en met augustus worden de prijzen van veel hotels, pensions en vakantiehuisjes flink verhoogd. Voor de gemiddelde

Vakantiedorpen bieden plezier voor de hele familie.

Midden-Europeaan is het hoogseizoen wegens de hoge temperatuur echter niet erg aantrekkelijk. Wie een bepaald hotel, pension of vakantiehuisje heeft uitgekozen, moet in het hoofdseizoen tijdig reserveren.
Afhankelijk van het hotel is het ontbijt wel of niet bij de prijs inbegrepen – met de tendens dat het bij de prijs is inbegrepen. Wie op zijn Turks ontbijt, begint de dag met kaas, olijven en augurkjes, maar meestal worden ook een ei, honing en jam geserveerd.

Kamers van particulieren en vakantiehuisjes

Het aanbod van kamers van Turkse gezinnen is niet bepaald groot te noemen. Als Turken gasten in huis willen nemen, openen ze in de regel een pension of een hotel. Het verblijf in een klein familiehotel of -pension kan net zo aangenaam zijn als in een luxehotel, vooral als u persoonlijk contact met mensen van het land op prijs stelt.
Gebruikelijker zijn vakantiehuisjes. Informeer bij de toeristische dienst of uw reisagent naar het aanbod!

Vakantiedorpen

Het **tatil köyü**, het vakantiedorp, was aan de Turkse kust al bekend voordat de buitenlandse vakantiegangers kwamen. Veel vakantiedorpen zijn eigendom van grote bedrijven of organisaties en zijn uitsluitend bestemd voor hun medewerkers en hun gezinnen. Onder de investeerders uit Midden- en West-Europa was de Club Méditerranée met haar clubdorp bij Kemer een van de eerste. Inmiddels zijn er veel mooie vakantiedorpen bijgekomen, bijvoorbeeld de Robinson Club, maar ook Turkse ondernemingen. Het voordeel van dergelijke vakantiedorpen zijn de meestal uitstekende recreatiemogelijkheden, maar het nadeel is dan weer dat men vaak afgezonderd is van het land en de mensen.

Camping

Waar kamperen op openbaar terrein niet uitdrukkelijk verboden is, kan de tent worden opgezet, en in veel gevallen zult u ook met de eigenaar tot overeenstemming kunnen komen.
Voor het aanbod aan kampeerplaatsen geldt hetzelfde als voor hotelkamers: eerst zien en daarna pas reserveren. Vaak zijn de technische voorzieningen op een camping beperkt, maar de omgeving daarentegen mooier.
In een speciale brochure van het Turkse toeristeninformatiebureau, 'Turkey – Camping', staan aan de zuidkust ongeveer 50 door het ministerie van toerisme geregistreerde kampeerplaatsen met de nodige voorzieningen. Het niveau van deze campings ligt boven het gemiddelde. Vaak hebben ze een eigen restaurant, sommige een eigen strand en enkele bieden kleine vakantiebungalows aan.

Het pronkstuk in de binnenstad van Antalya is de Türk Evi Otelleri.

Overwinteren aan de zuidkust?

Koude en sneeuw zijn aan de kust een uitzondering. De winterse regenbuien worden afgewisseld met zonneschijn, dus waarom zou u niet bijvoorbeeld in Antalya overwinteren? Boven in de bergen op een hoogte van 2000 meter kunt u zelfs skiën. Steeds meer hotels zijn het hele jaar geopend en geven in veel gevallen hoge kortingen. In de vijfsterrenhotels kunt u in de winter deelnemen aan cursussen Turks of de geheimen van de traditionele Turkse keuken ontdekken. In de kleinere plaatsen zijn de mogelijkheden om te overwinteren geringer, omdat bijna alle restaurants sluiten en er verder ook 'niets te beleven is' – het toeristische winterseizoen moet daar nog worden uitgevonden.

Hotels zijn bij de afzonderlijke plaatsen in het hoofdstuk 'Mooie steden en dorpen' beschreven.

Prijsklassen

De prijzen gelden voor een overnachting van twee personen in een tweepersoonskamer met ontbijt.
Luxeklasse: meer dan 90 euro
Hoge prijsklasse: tot 90 euro
Gemiddelde prijsklasse: 50 euro
Lage prijsklasse: tot 20 euro

TIP

Tütav Türk Evi Otelleri Uit drie zorgvuldig gerenoveerde Osmaanse woonhuizen ontstond in Antalya een uitstekend hotel. Misschien zijn de kamers – twintig kamers en een suite – een beetje klein, maar dat stemt overeen met de sfeer in de oude binnenstad. Het hotel heeft een zwembad en airconditioning. Heel mooi is het uitzicht op de haven, de zee en het Taurus-gebergte. Mermerli Sok. 2, 07100 Kaleiçi/Antalya, 20 kamers, hoge prijsklasse tot luxeklasse

■ D 3/E 3

Turkse koffie en Turkse honing zijn een begrip geworden. Een vakantie in Turkije is alleen al de moeite waard om de Turkse keuken te ontdekken.

Als u heel vroeg opstaat en vanuit uw hotel uitzicht heeft op de havenkade, dan kunt u in kleine plaatsen zien hoe de vissers hun vangst aan land brengen en rechtstreeks aan de hotel- en restauranthouders verkopen. Op dezelfde dag nog kunt u deze vis eten. Het is in Turkije gebruikelijk om de vis niet van de menukaart uit te zoeken, maar met uw eigen ogen: de vis wordt getoond voordat hij in de pan of op de grill komt. Voor de keuze van de **mezeler**, de voorgerechten, neemt u een kijkje op de menukaart, en voordat u de soep en de groente uitkiest, wordt u uitgenodigd om een kijkje te nemen in de pannen van de kok. Bij onvoldoende kennis van de Turkse taal kunt u zo toch uw keuze maken.

Op culinair gebied heeft Turkije een brugfunctie, waardoor de keuze nog groter is. Tradities van de Centraal-Anatolische Turkse stammen en de volkeren langs de Middellandse Zee zijn met elkaar verbonden, in het zuidoosten van het land zijn ook Arabische invloeden merkbaar. De **adana kebab** is bijvoorbeeld pittig gekruid.
In Antakya kunt u **oruk**, een visspecialiteit proeven, of **künefe**, een lekkernij met pistaches die in Antalya weer heel anders smaakt.

Waar eet u wat?

Van de straatkoopman tot de witgedekte tafel in het restaurant: eten en drinken is in de

U kunt kiezen uit alle mogelijke vissoorten.

regel heel goedkoop, als u tenminste afziet van de geïmporteerde sterke drank.
Eenvoudige **pide salonus** verkopen helemaal geen alcoholische dranken, maar bij **pide**, het met gehakt of kaas belegde of gevulde brooddeeg, worden vruchtensappen, cola, water of ayran geschonken. De specialiteit **ayran** wordt van yoghurt, water en zout gemaakt en is heel verfrissend.
De keuze is groter in de **döner kebab salonus**: bij **döner** (komt overeen met de Griekse gyros), waarvan dunne schijfjes van het draaispit worden afgesneden, worden rijst en groentegerechten geserveerd.
De overgang van de **lokanta** naar de **restoran/restaurants** is vloeiend. Bij de laatstgenoemde kunt u een stijlvollere omgeving verwachten, maar het is niet vanzelfsprekend dat de maaltijden beter zijn.
In de **pastane**, de tearoom, kunt u terecht voor zoete lekkernijen. Hier kunt u ook ontbijten met kleine taartjes en bladerdeegpasteitjes, met **baklava** (in siroop gedrenkt) of **kadıngöbeği** ('vrouwennavel'), in het midden ingedrukte, zoete, zachte koekjes.

Vis: vaak te duur

Natuurlijk staan vis en zeevruchten in de kuststreek bovenaan de lijst van specialiteiten, maar dat zijn ook de duurste gerechten. U kunt het best bij de bestelling onderhandelen over de prijs en het gewicht.

Drankjes – içkisiz en içkili

De belangrijkste drankjes zijn behalve de reeds genoemde ayran de traditionele thee, die op elk tijdstip van de dag gedronken wordt, het symbool van gezelligheid en een gebaar van gastvrijheid, en de **rakı**, ook wel leeuwenmelk genoemd, omdat de lichtkleurige anijsjenever wit verkleurt zodra hij met water wordt verdund.
Zeer aan te bevelen zijn vruchtensappen zoals **vişne suyu** (kersensap) of **şeftalı suyu** (perzikensap). Onontbeerlijk in de Turkse zomer: **maden suyu** (mineraalwater). Cafés zonder alcoholische dranken heten **içkisiz** en cafés waar wel alcohol wordt geschonken, worden **içkili** genoemd. De meest geschonken biermerken zijn Efes, Tuborg en Löwenbräu (in licentie gebrouwen). Van uitstekende kwaliteit en qua prijs vergelijkbaar met wijn in Midden-Europa zijn ook de Turkse rode en witte wijnen.
Restaurants zijn bij de afzonderlijke plaatsen in het hoofdstuk 'Mooie steden en dorpen' beschreven.

Prijsklassen
De prijzen gelden voor een menu met drie gangen inclusief een drankje.
Luxeklasse: meer dan 30 euro
Hoge prijsklasse: tot 30 euro
Gemiddelde prijsklasse: tot 12,5 euro
Lage prijsklasse: tot 7,5 euro

Kleine woordenlijst

A

aci: pittig, bitter
adana kebabı: spit met pittig gekruid gehakt
afiyet olsun!: smakelijk eten!
ahtapot: octopus
akşam yemeği: avondeten
alabalık: forel
antre: voorgerecht
armut: peer
arnavut ciğeri: gebraden stukjes lever met ui en paprika
ayran: yoghurt-drank met zout
aysekadin fasulye: sperziebonen met gehakt
ayva: kweeappel, -peer

B

badem: amandelen
bahşiş: fooi
bakar misiniz!: ober!
baklava: in siroop gedrenkte bladerdeegballetjes
bal: honing
balık: vis
- *çorbaşi:* vissoep
- *izgara:* gegrilde vis
- *yemekleri:* visgerechten
barbunya: zeebarbeel
bardak: glas
beyaz peynir: schapenkaas
- *şarap:* witte wijn
bezelye: erwtjes
biber: peper
- *dolmasi:* gevulde paprika
biçak: mes
bira: bier
böbrek: niertje
böğürtlen: braambessen
börek: bladerdeeg, gevuld met schapenkaas *(peynirli)*, gehakt *(kıymalı)* of spinazie *(ispanakli)*
bonfile: steak
buz: ijs(klontje)

C

cacik: yoghurt met komkommer, dille, ui en knoflook
çay: thee
cezerye: zoete wortel-amandelbrij
çerkes tavuğu: kippenvlees in een pikante walnootsaus
çiğer: lever
çilek: aardbei
çoban salatasi: gemengde salade
çorba: soep

D

dana eti: kalfsvlees
deser: nagerecht
dil balığı: schol
dolmalar: vullingen – van druivenbladeren, paprika enz.
domates: tomaten
döner piliç: kip aan het spit
düğün çorbasi: gebonden vleesbouillon

E

ekmek: brood
elbasarı tavası: lamskoteletten in yoghurtsaus
elma: appel
enginar: artisjokken
erik: pruimen
et: vlees
- *yemekleri:* vleesgerechten
ezmeler: groentecrèmes

F

fasulye: bonen
fincan: kopje
fener: zeeduivel
firinda makarna: gebakken deegballetjes

G

gözleme: dunne, gevulde deegzakjes
güveç türlü: stoofvlees met verschillende groenten

H

hamsi: ansjovissoort
hardal: mosterd
havuç: wortels
helva: heel zoet nagerecht (vast) van honing en meel of griesmeel en andere ingrediënten
hesap, lütfen: mag ik de rekening?
hiyar: augurkjes
hosaf: vruchtensalade
hurma: dadels

I

içkiler: drankjes
içme suyu: drinkwater
iç pilav: rijst met pijnpitten, uien en lever
incir: vijgen
imam bayildi: gevulde aubergines
istakoz: zeekreeft
izgara köfte: gegrilde gehaktkoekjes
izgaralar: gegrilde gerechten

K

kabak dolması: gevulde courgette
kadmbudu köfte: gepaneerde vleesballetjes
kahvaltı: ontbijt
kahve: koffie
kalamar: inktvis
kalkan: tarbot
karabiber: peper
karagöz: zeebrasem
karides: krab, garnaal
karnibahar: bloemkool
karnıyarık: met gehakt gevulde aubergines
karpuz: watermeloen
kasar peyniri: harde kaas
kavun: suikermeloen
kayısı: abrikoos
kereviz: selderij

Variatie in geel-rood: vruchten en kruiden op de weekmarkt

kılıç balığı: zwaardvis
kiraz: kers
kırmızı şarap: rode wijn
kıyma: gehakt
kızarmıs: gebraden
kızartmalar: gefrituurde groente
köfte: vleesballetjes, gegrild of gebraden
koyun eti: schapenvlees
kuzu eti: lamsvlees
- dolması: met rijst gevuld, gegrild lamsvlees

L

lahmacun: met kruidige vleespasta besmeerde platte broden
langust: langoest
levrek: zeebaars
lokma: zoete gistdeegballetjes in siroop

M

maden suyu: mineraalwater
makarna: deegballetjes
mandalina: mandarijntje
mantar: paddestoelen
marmelat: jam
meyve: fruit
meyra suyu: vruchtensap
mezeler: voorgerechten
midye dolması: gevulde mosselen
morina: kabeljauw
mürekkep baliğı: inktvis
muz: bananen

N

nar: granaatappel

O

orman kebabi: vleesgerecht met tijm

P

palamut: tonijn
pancar: rode bieten
patlican: aubergines
- dolmaşı: gevulde aubergines
- salatası: auberginesalade
pastırma: luchtgedroogde runderham met een rand van kruiden en paprika
patates: aardappelen
pecete: servet

TIP

Restaurant Koç Een zacht briesje vanaf het nabijgelegen eiland, beschutting tegen de felle zon, het tafeltje dichtbij het water, ver weg van de drukke wegen – er zijn nog wel enkele sprookjesachtige plekjes aan de zuidkust, zoals bijvoorbeeld het **Restaurant Koç** in het dorp Üçağız tegenover het eiland Kekova. Geen adres voor fijnproevers, maar toch met een goede keuken, bovendien een klein pension, jachtservice en verhuur van boten (ook een boot met een glazen bodem voor de nabijgelegen 'verzonken stad'). Üçağız, gemiddelde prijsklasse ■ D 4

peynir: kaas
pide: met gehakt of kaas gevulde of belegde deegzakjes
pilaki: witte bonen in tomatensaus
pilav: met rijst of graanproducten (gerst, tarwemeel) gekookte gerechten
piliç: kip
- *izgara:* gegrilde kip
pirasa: prei
pirinç pilav: gekookte rijst
pirzola: lamskotelet
pişmiş: gekookt
piyaz salatası: salade van witte bonen en uien
porsyon: portie
portakal: sinaasappelen

R

rakı: anijsjenever
rafadan yumurta: zachtgekookt ei
reçel: jam
rezene: venkel

S

salam: worst
sariğı burma: zoete bladerdeegpastei
sarma: gevulde druivenbladeren
sarımsak: knoflook
sebze yemeklerı: groente
şeftalı: perzik
şeker: suiker
şerefinize!: gezondheid!
sigara böreği: met kaas gevulde deegrolletjes ter grootte van een vinger
siğir eti: rundvlees
sirke: azijn
şis kebabı: vlees aan het spit
şişe: fles
soğan: uien
su: water
sucuk: worst
suğuk: koud
süt: melk
sütlaç: melkrijst

T

talaş böreği: bladerdeeg met vleesvulling
tarama: viskuitsalade
tatlı: dessert
tavuk: kip
- *çorbası:* kippensoep
tereyağ: boter
ton baliğı: tonijn
tuz: zout

U

üzüm: druiven

V

vişne: zoete kers

Y

yağ: olie
yaprak dolması: gevulde druivenbladeren
yayla çorbası: rijstesoep met yoghurt, pepermunt en dille
yemek: voedsel, eten
- *kaşiği:* eetlepel
- *listesı:* menukaart
yeşil salata: kropsla
yoğurt: yoghurt

Z

zeytin: olijven
zeytinyağ: olijfolie

Wat u zeker niet mag missen, is een bezoek aan een bazaar. In het oosten zijn ze heel exotisch, vooral in het oude Tarsus, in Adana en Antakya.

In de bazaar van Antalya krijgt u een voorproefje van het Oosten zoals wij dat kennen uit duizend-en-een-nacht.
Als u met een reisgezelschap naar Turkije gaat, moet u voor u iets koopt weten dat veel reisleiders bij souvernirwinkels onder contract staan en voor elke klant provisie krijgen en dat de verkoper deze provisie extra aanrekent. Een kritische koper kan beter op eigen houtje gaan winkelen, hoewel het vergelijken van de prijzen natuurlijk tijd kost. Wees op uw hoede voor zogenaamde 'runners' (aanbrengers van klanten), die u de allerbeste winkel in oosterse tapijten of de meest gerenommeerde juwelierszaak van de stad willen laten zien. Sommigen doen hun werk echter zo charmant dat u zich toch laat overhalen...
De ene bazaar is de andere niet. Kenners maken onderscheid tussen de **pazar**, die elke week plaatsvindt, en de **çarşı**, die een permanent karakter heeft en als overdekte bazaar **kapalı çarsı** heet. **Bedesten** wordt een vast, vaak raamloos gebouw genoemd, waar de waardevollere artikelen worden verkocht. Elke straat heeft nog steeds zijn eigen ambacht. Over een afstand van wel honderd meter schittert de koperen en aluminium koopwaar, in de volgende straat ziet u

Leuk beschilderde souvenirs uit Alanya

alleen maar schoenen, een derde staat helemaal vol potten en pannen, in weer een andere hangen alleen maar bruidsjurken of kostuums voor het besnijdingsfeest.

Namaak en antiek

In principe is de uitvoer van antiek – dat wil zeggen, van meer dan 100 jaar oude voorwerpen – niet toegestaan. Wie desondanks antieke munten of oude keramiek mee naar huis wil nemen, moet bij de plaatselijke museumdirectie een uitvoervergunning aanvragen. Als het niet erg zeldzame stukken betreft, heeft u een grote kans dat het wordt toegestaan. Soms blijkt het antieke stuk echter een vervalsing te zijn. De Griekse en Romeinse munten die bij de archeologische vindplaatsen worden aangeboden, zijn voor het grootste gedeelte namaak.

Geldbelegging: gouden sieraden

Volgens de oude traditie van de nomaden is goud een draagbare en tegenwoordig nog door velen gedragen kapitaalinvestering. Originele ontwerpen worden pas sinds kort ook buiten de dure winkels in de grote steden te koop aangeboden. Bij ringen, halskettingen en armbanden overheerst nog steeds de eenvormigheid. De prijs wordt meestal aan de hand van het gewicht berekend. 24 **ayarlı** is massief goud, daarnaast is er nog 22, 20 en 18 ayarlı (karaat).

Miljarden fijne knopen: tapijten

Voor tapijten geldt: hoe dichter geknoopt of geweven, hoe duurder (en duurzamer). Daarom is voor de prijs van het tapijt het aantal knopen de belangrijkste factor. De kwaliteit wordt ingedeeld van 'heel grof' tot 'zeer fijn', van ongeveer 500 tot meer dan 5000 knopen per vierkante decimeter. Gangbare tapijten van heel goede kwaliteit hebben circa 1000 tot 1200 knopen, de heel kostbare zijden tapijten in musea hebben er wel tien keer zoveel. Vrouwen en kinderen verrichten in de 2000 tapijtdorpen het meeste werk. Door hun lage lonen kunnen oosterse tapijten vrij goedkoop per vierkante meter te koop worden aangeboden. Tot nu toe zijn alle pogingen mislukt om met de hand geweven kelims en geknoopte tapijten door machinale producten te vervangen. Buiten de natuurvezels doen de kunststofvezels, met naast de natuurlijke kleuren ook kunstmatig vervaardigde kleuren, hun intrede. Maar in de bazaars geeft men tegenwoordig steeds meer de voorkeur aan authentieke materialen (sommigen spreken ook over een 'natuurlijke-kleuren-revolutie') en tapijten die daarmee vervaardigd zijn – evenals hun oude voorbeelden – worden met een garantiebewijs verkocht. Liefhebbers van de bijzonder gevarieerde, zeer decoratieve Turkse tapijt- en kelimtraditie zullen dat waarderen.

Keukengereedschap voor het grote gezin is in de bazaar van Antalya te koop.

Het aanbod van watersporten wordt steeds groter. Bergwandelen, paardrijden, rafting en zelfs paragliding behoren nu ook tot de mogelijkheden.

Het kustgebied van Marmaris tot Antalya en nog verder naar het oosten is al vele jaren een paradijs voor zeilers, dankzij talrijke baaien, goed uitgebouwde havens en honderden eilanden en eilandjes. Jachten kunnen met of zonder **(bare boat charter)** bemanning gehuurd worden. De speciale brochure 'Blue Voyage – Yachting in Turkey' is verkrijgbaar bij de nationale dienst voor toerisme. Langs de kust, van Istanbul tot Antalya, werden veilige havens aangelegd met alle vereiste voorzieningen, met goed uitgeruste overwinteringsmogelijkheden tegen gunstige voorwaarden en met restaurants en winkels. Aan de zuidkust zijn er jachthavens (marinas) in Datça, Bozburun, Marmaris, Göcek, Fethiye, Kalkan, Kaş, Finike, Kemer en Antalya. In meer oostelijker gelegen plaatsen zijn er jachthavens in voorbereiding. Voor de actieve vakantie op het land en in de lucht (paragliding!) is er ook voldoende aanbod. Elk plaatselijk Tourist Office geeft inlichtingen over bergwandelingen, riviertochten, ritten te paard en tennis.

Rafting op snelstromende, romantische rivieren is een unieke ervaring.

Bergbeklimmen

Turkije is een land van bergen. Een van de indrukwekkendste ketens is het Taurus-gebergte (in het Turks: Toros), de westelijke uitloper van de Himalaya-gordel, die zich bijna over heel Azië uitstrekt. De Taurus is een berglandschap van grote authenticiteit, met prachtige toppen en vormt een grote uitdaging voor alpinisten. Een van deze interessante uitdagingen is de Al Dağlar-keten in het centrale berggebied, die zich uitstrekt tussen Niğde en Adana. Zijn hoogste toppen zijn de Demırkazık (3756 m), de Kızılkaya (3725 m) en de Vayvay (3565 m). De kalksteenformaties zijn door erosie kaal geworden; hier stromen ook onderaardse rivieren en hebben zich bizarre rotsformaties gevormd. Verder naar het westen toe, bij Antalya, kan bijvoorbeeld vanuit Elmalı het Beydağları-gebergte beklommen worden, via het Çamçukuru-dal naar de hoogste top, de Kızlarsivrisi (3086 m). Vanuit Soğukpınar bij Kemer is de Tahtalı-top (2375 m) te bereiken.
Gunstige maanden voor het bergbeklimmen zijn juni, juli en augustus. Het Ministry of Tourism geeft de speciale brochure 'Turkey-Mountaineering' uit, waarin de klimroutes zijn aangegeven.

Golf

Golfbanen zijn nog schaars. Voorlopig zijn er enkele bij Antalya en ten oosten daarvan in Belek.

Paragliding

De infrastructuur staat nog in de kinderschoenen, maar het ontbreekt niet aan geschikt terrein. Wij vonden een opleidingscentrum in Fethiye (zie blz. 76).

Rafting/Kanoën

Op de Köprüçay, de Manavgat, de Dragon (bij Anamur) en de Göksu is watersport mogelijk. Daar organiseren ook verschillende bedrijven rafting-expedities.
De rivier de **Köprü** in het nationaal park Köprülü Kanyon (zie blz. 67) vormt met zijn ravijnen een van de mooiste berglandschappen van Turkije. Een mooie rafting-tocht begint bij de Oluk-brug en voert langs schitterende watervallen. Voor beginnelingen bedraagt de tocht ongeveer 10 km, gevorderden kunnen nog 3 km verder door een tweede cañon peddelen. In de derde cañon stroomt de rivier op sommige plaatsen vlak onder de rotsen door – daar is rafting niet mogelijk! Vanaf het einde van de tweede cañon moet u over de linkeroever ongeveer 3 km naar de geasfalteerde weg lopen. De rivier de **Manavgat** heeft een hogere moeilijkheidsgraad en mag niet zonder een gids die de rivier kent, worden bevaren. Het beste traject: 19 km tussen de Sahap-brug (in de buurt van Akseki) en het dorp Sevinç. Deze tocht voert door drie cañons met verscheidene watervallen, waarbij afhankelijk van de waterstand de boten soms gedragen moeten worden.
De rivier de **Draak** (Dragon River bij Anamur) ontspringt ondergronds bij het dorp Sugözü, met verscheidene geisers die het water soms wel honderd meter omhoog spuiten. De beste route – zowel voor rafting als voor kano's – is ongeveer 10 km lang, en begint in de buurt van Çaltıbükü.
De rivier de **Göksu** is vanaf zijn bron in het centrale Taurus-gebergte tot aan zijn delta bij Silifke ongeveer 260 km lang. Deze delta is een van de belangrijkste beschermde ge-

bieden voor vogels in Turkije.
Het aanbevolen traject tussen Derinçay ten noorden van Mut en Değırmendere is circa 90 km lang. Het relatief brede rivierbed versmalt tussen de dorpen Kislaköyu en Kargicak tot verscheidene cañons. Bijna al deze rafting-excursies kunnen gecombineerd worden met trekking- en mountainbike-tochten. Bovendien zijn er in het voorgebergte van de Taurus interessante grotten, waarvan enkele ook verlicht en voor het publiek toegankelijk zijn. Speleologen onderzoeken bijvoorbeeld al sinds vele jaren de **Altınbeşık-grotten** in het gebied rond de Manavgat-rivier. Ze zijn inmiddels twee kilometer doorgedrongen in de druipsteengrotten.
Voor de International Rafting Race moet u zich naar het noorden van Turkije begeven. Daar worden bij de **Çoruh-rivier** tussen Ispir bij Erzurum en Artvin in de buurt van de Zwarte-Zeekust al jaren zulke wedstrijden georganiseerd. De Çoruh-rivier is een van de tien rivieren op de hele wereld die hiervoor geschikt zijn.

Paardrijden

In verschillende plaatsen kunnen paarden worden gehuurd en ook rijlessen worden genomen.

Zeilen

Voor de eigen boot heeft u een Transit-Log nodig en kunt u maximaal vijf jaar in Turkse havens overwinteren.
Dat is door de relatief lage tarieven in de talrijke jachthavens een mogelijkheid die veel mensen benutten.
U kunt ook een 'Blauwe Reis' maken. Daarvoor kunt u dan ofwel de hele boot met bemanning inbegrepen huren, maar ook hutten alleen.

Skiën

In het skigebied in het Beydağları-gebergte bij Antalya bent u altijd verzekerd van sneeuw.

Surfen/waterskiën

Surfplanken kunnen in verscheidene badplaatsen worden gehuurd. In veel plaatsen worden surf- en waterskilessen gegeven.

Duiken

Voor het diepzeeduiken met zuurstofflessen is een vergunning vereist, die u bij het plaatselijke Tourist Office kunt krijgen. Ter bescherming van de kustgebieden

TIP

Duikschool Nihat Gündüz heeft in het begin van de jaren tachtig het eerste hotel, het **Likya**, in Kaş gebouwd. U kunt er een complete uitrusting huren, waaronder duikpakken, duikvesten, lood en persluchtflessen. Verder staan twee boten voor een- of meerdaagse tochten ter beschikking. Adres zie blz. 79 ■ C 4

Aan schitterende badstranden is geen gebrek.

worden ook controles uitgevoerd. Veel duikscholen.

Tennis

De meeste grote hotels en vakantiedorpen beschikken over tennisbanen.

Trekking/bergwandelen

Sedert eeuwen trekken de bewoners van de zuidkust in de zomer naar de koelere bergstreken, de **yaylas**. Er zijn maar weinig winkels en slechts enkele plaatsen beschikken over logeeradressen en elektriciteit, zoals bijvoorbeeld in de Yaylas van Mersin/Içel en van Adana.

Stranden

Behalve lange badstranden biedt de Turkse zuidkust ongerepte baaien, vooral in het westelijke deel tussen Datça en Kemer. De prijzen voor boottochten hangen af van de duur van de tocht (een halve of een hele dag), van de afmetingen van de boot, het aantal passagiers, de lengte van de tocht en het culinaire aanbod, dat ook kan bestaan uit slechts een sandwich of vers gegrilde vis en wijn. Wie met vrienden een jacht huurt en een eigen 'zeereis' organiseert, kan in elke gewenste baai het anker uitgooien om te zwemmen.
Dit zijn de beste stranden:

Alanya ■ F 4
Lange stranden met fijn zand ten westen en oosten van Alanya. Vooral aan te bevelen: İncekum, 19 km westelijk.

Anamur ■ G 5
Geen groot, maar wel een nog ongerept strand aan beide zijden van de monding van de kleine Dragon-rivier.

Antalya ■ D 3/E 3
Vlakbij de stad ligt het Konyaaltıstrand, maar mooier is het Larastrand, 9 km oostelijk. Landschappelijk het mooiste zijn de door vakantiedorpen omringde stranden in het zuiden bij Beldibi, Kemer, Çamyuva en Tekirova.

Ölüdeniz ■ C 4
De wereldwijd beroemde baai bij Fethiye heeft stranden die ondanks de talloze bezoekers nog steeds mooi zijn. In de omgeving van Fethiye zijn ook andere stranden aan te bevelen.

Patara ■ C 4
Het grote duinenstrand ten westen van Kalkan is een echt paradijs voor natuurliefhebbers.

Sarıgerme ■ B 4
Met de aangrenzende stranden van Ekincik en Dalyan aan het Köyceğizmeer een nieuwe trekpleister voor badgasten. Heel mooi landschap.

Side ■ E 3/E 4
Breed en voornamelijk met fijn zand. Deze stranden behoren tot de drukstbezochte van Turkije.

Yumurtalık ■ K 3
Ten oosten en ten westen van de kleine badplaats aan de Golf van Iskenderun vindt u nog lange, ongerepte stranden.

Toerisme en feestvieren horen bij elkaar, ook in de vakantiecentra aan de zuidkust van Turkije. De feesten staan in het teken van sport, theater en muziek.

Als toerist ziet u meestal weinig van de traditionele moslimfeesten, of u moet het geluk hebben om toevallig te gast te zijn bij een familie (Een typisch voorbeeld is het Kurban Bayramı. Tijdens dat feest, dat gehouden wordt in juni/juli, stroomt het bloed van de geofferde dieren rijkelijk). Tijdens de nationale feestdag, die gevierd wordt op 29 oktober, kunt u getuige zijn van kleurrijke militaristisch-folkloristische optochten en in het seizoen worden er een aantal sport- en culturele festivals georganiseerd.
Worstelen is een nationale sport in Turkije. Op een grasveld of op het strand nemen de worstelaars, gekleed in knielange broek en van top tot teen glanzend van de olie, het tegen elkaar op.
Het belangrijkste festival van de 'Pehlivanlar' (worstelaars) vindt plaats op een eiland in de rivier Tunca bij Edirne.

De nationale sport worstelen wordt als een volksfeest gevierd.

April
Feest van de Landbouw
Markt, muziek en kindertheater in Hasyurt bij Finike.

Mei
Internationaal jachtfestival Marmaris
Met regatta's en tentoonstellingen.

Seyhan Belediyesi Kültür Şenliği Adana
Een week van culturele evenementen in Adana.

Juni
Kemer-festival 'Gouden granaatappel'
Met worstelwedstrijden, volksmuziek en eetgelegenheden.

Opera- en balletfestival
Voorstellingen in het antieke theater van Aspendos.

Juli
Manavgat-festival
Rafting, concerten en folklore.

September
Cultuur- en kunstfestival Mersin/Internationale jaarbeurs Mersin
Turkse en buitenlandse kunstenaars en ensembles treden tijdens dit festival op in Mersin.

September/oktober
Altın Portakal
Internationaal filmfestival.
Tijdens het festival van de 'Gouden Sinaasappel' worden ook verschillende films vertoond en concerten gegeven.

Altın Koza Adana
Filmfestival, ook met internationale deelname, in Adana.

Oktober
Internationale Marmaris-regatta
De voorbereiding tot deze regatta vindt eind september plaats met kwalificatiewedstrijden van de gulets bij Bozburun.
De finale is in de eerste week van oktober.

December
Internationaal St.-Nicolaas-symposium Demre/Kale
Herdenkingsplechtigheden voor de katholieke heilige en wereldwijd bekende St.-Nicolaas.

TIP

Kinderfeest In het stadje Fethiye heeft men iets bedacht waar men noch in Istanbul, noch in Ankara of Izmir op gekomen was: het eerste kinderfeest in Turkije. Drie dagen lang worden door en voor kinderen – zowel voor Turkse kinderen als voor kinderen die hier vakantie houden – tentoonstellingen, kindertheater, wedstrijden en ook milieuactiviteiten georganiseerd. De laatste jaren krijgen tijdens het 'Fethiye-feest' de programma's van de volwassenen steeds meer aandacht. Het festival richt zich steeds meer op internationale manifestaties. Tijdstip: september/oktober.

Hier valt heel wat te ontdekken: burchten, mozaïeken, karavanserais, Hettitische en vroegchristelijke plaatsen. Ten zuiden van Adana kunt u ook zwemmen.

Adana

■ I 3/K 3

Het landschap van Adana ligt aan de zuidelijke rand van het 4000 meter hoog oprijzende Taurus-gebergte.
In het noorden bevindt zich de smalle pas van de Cilicische Poort, waar Alexander de Grote overheen trok. In het zuidoosten loopt thans over de Belen-pas in het Amanos-gebergte een van de mooiste panoramawegen van Turkije in de richting van Antakya en de Syrische grens. Rondom Adana ligt de Çukurova-vlakte, het grootste laagland van Turkije, die zich in het zuiden tot aan de zee uitstrekt. In de vorige eeuw was het nog een wildernis, nu een groot katoengebied, waarin de dorpen met hun geïrrigeerde citrusplantages als groene oasen opdoemen.
Adana zelf is eeuwenoud: de eerste Hettitische nederzettingen dateren uit omstreeks 1500 v.Chr. De laatste decennia is de stad explosief gegroeid en tegenwoordig is ze de op drie na grootste stad van Turkije met twee miljoen inwoners.
Belangrijk ter oriëntatie: de grote oost-west-wegenas verdeelt Adana in de chaotisch drukke, oude binnenstad in het zuiden en een nieuwe stad met groenvoorziening en brede boulevards in het noorden. De nieuwe stad is ontworpen door de architect die in de jaren dertig ook het moderne Ankara ontwierp. De dringend noodzakelijke ringlaan is nu eindelijk in gebruik.

Bazaars en kantoorflats

Hoewel de oude binnenstad van Adana – reeds een handelsstad toen Rome nog niet was gesticht – helemaal geen toeristische indruk maakt, is het een boeiende stad met haar honderden, ja duizenden winkels.
Eeuwenoude minaretten rijzen op boven de drukte van de bazaars. Bouwvallige en half ingestorte huizen worden overschaduwd door moderne bankgebouwen en kantoorflats. Het archeologisch museum en de moskee aan de oever van de Seyhan zijn een bezoek waard.
De eigenlijke bezienswaardigheden bevinden zich echter buiten de stad. Daar kunt u een bezoek brengen aan de Hettietenburcht Karatepe en de stad Tarsus, met herinneringen aan Cleopatra en de apostel Paulus.

Hotels en ander logies

Ten zuiden van de T. Kemal Beriker Bulvari vindt u tal van stadshotels in de gemiddelde en lage prijsklasse; echt comfortabel zijn ze echter niet. Het is de moeite waard om iets meer te betalen voor uw overnachting…

Mavi Sürmeli Hotel
Nog een vrij nieuw hotel (geopend in 2001).
Origineel design, beschikt over een bar en een sauna. In de 'koningssuite' beschikt u over een eigen jacuzzi.
Garage.

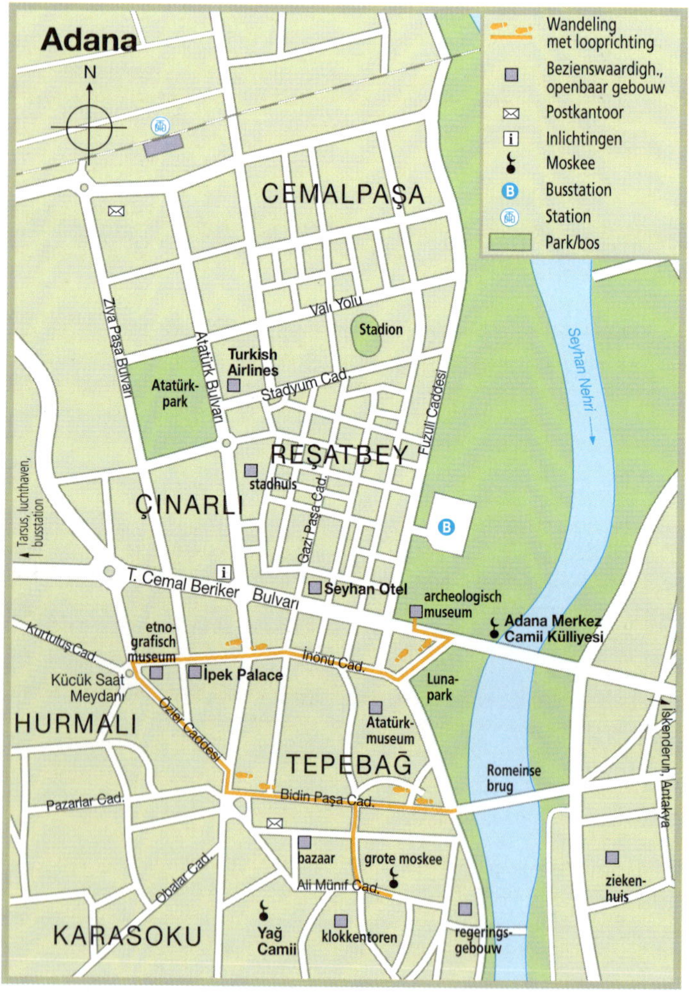

Inön Cad. 109
117 kamers, 16 suites
Gemiddelde-hoge prijsklasse

Seyhan Otel
Groot hotel met spiegelende voorgevel en alle mogelijke comfort aanwezig: Health Club, nachtclub, zwembad, twee restaurants, een bar, airconditioning en ook nog garage.
Turhan Kemal Beriker Bulv. 30
110 kamers, 20 suites, 10 appartementen
Luxeklasse

Wandeling

Adana's straten in de oude binnenstad hebben weliswaar namen, maar slechts bij uitzondering straatnaamborden. U moet zich goed kunnen oriënteren: een goed oriëntatiepunt is de oorspronkelijk Romeinse, tegenwoordig nog gebruikte brug met 19 bogen (**Taş Köprü**) over de rivier de Seyhan. Als u vandaar in westelijke richting naar de oude binnenstad loopt, ziet u weldra aan de linkerkant het complex van de **Ulu Cami**, de grote moskee, en daar staat u ook al midden in de bazaar. Tussen al die koperen voorwerpen, kleren en allerlei andere spullen lijkt het wel of u zich in een verhaal uit duizend-en-een-nacht bevindt. In noordwestelijke richting komt u bij het **etnografisch museum**, met nog meer moskeeën en het representatieve **Atatürk Meydanı**. Via de **İnönü Caddesi** loopt u terug naar de Seyhan, daar liggen ten noorden van de grote as van de **T. Kemal Beriker Bulvarı** het **archeologisch museum** en daar tegenover, aan de oostelijke zijde van de rivier, de nieuwe **grote moskee**.

Bezienswaardigheden

Adana Merkez Camii
Het nieuwe moskeecomplex krijgt zes 99 m hoge minaretten. Tot nu toe heeft alleen de Sultan-Ahmed-Moskee (Blauwe Moskee) in Istanbul zes minaretten (de belangrijkste moskee in Mekka heeft er zeven). De koepel is 53 m hoog en 32 m breed.

Grote moskee/Ulu Cami
Gebouwd naar het voorbeeld van de Omaijaden-moskee van Damascus in 1513 door Halil Bey, met een grote zuilenhal en een stalactietenportaal. Sierlijke, achthoekige minaret, mooi decor met tegels uit Iznik en Kütahya. In het moskeecomplex, waartoe ook een rustgevend palmenpark behoort, is nog het mausoleum (Türbe) van de familie van de stichter bewaard gebleven.
Tussen Abıdin Paşa Cad. en Ali Münıf Cad.

Romeinse brug/Taş Köprü (stenen brug)
De 310 m lange brug werd in de 2de eeuw gebouwd en in de 6de eeuw onder Byzantijnse heerschappij gerestaureerd.
Ten zuiden van de moderne brug over de Seyhan.

Klokkentoren/Büyük Saat
De 32 m hoge klokkentoren, die in 1882 werd gebouwd, is een karakteristiek bouwwerk van de stad en ook een symbool voor de vooruitgang.
Ali Münıf Cad.

Yağ Camii
Te midden van lage bazaargebouwen zijn de poort met kantelen en de ronde minaret van de moskee duidelijk zichtbaar. De oorspronkelijk christelijke kerk werd

van 1501-1558 in Seldjoekse stijl verbouwd.
Ali Münıf Cad.

Musea

Archeologisch museum
De schitterende Helleense gouden sieraden, antieke geslepen stenen en metalen voorwerpen uit Urartu behoren tot de belangrijkste stukken van de collectie.
E 5 Karayolu Üzeri
Dagelijks open, behalve ma.

Etnografisch museum
In een voormalige kerk worden kelims, feestkleding, kalligrafische koranexemplaren en een grote nomadentent tentoongesteld.
Ziyapaşa Bulv.
Dagelijks open, behalve ma.

Eten en drinken

The Terrace Restaurant
Aan de rivier Seyhan gelegen. Turkse keuken met goede service.
Yeni Baraj Mah. 32, Sok. Damla Sitesi Üstü 5, vlak bij Didlberler Sekisi
Gemiddelde prijsklasse

TST Mola Restoran
Het modernste en ecologisch meest vooruitstrevende restaurant in de verre omtrek (het is ook een viersterrenmotel).
Over de nieuwe weg van Mersin
Gemiddelde prijsklasse

Winkelen

De oude binnenstad van Adana heeft veel winkels. Er zijn verscheidene warenhuizen (bijv. Sqydam) en veel schoenenwinkels. De duurdere mode- en lederwinkels vindt u aan de Atatürk Caddesi en in de zijstraten daarvan.

STAD – Adana Kırtasiyecilik
Internationale kranten en boeken.
Stadyum Cad. Salih Bosna Apt., A-Blok

's Avonds

De zomeravonden kunt u doorbrengen in de theetuinen. In de oude binnenstad heeft het nachtleven niet echt veel te bieden. Wel kunt u terecht bij de **nachtclubs** met voorstellingen en speeltafels in hotel **Seyhan en Sürmeli** (zie blz. 37). Adana heeft ook een nationaal symfonieorkest (Çukurova Devlet Senfoni Orkestrasi). Concerten worden o.a. gegeven in het **Kültür Merkezi,** dat tegenover het Atatürk-park gelegen is.

Nuttige informatie

Inlichtingen
Tourist Information Center
- Atatürk Cad. 13
Tel. 3 22/3 63 12 87,
fax 3 63 13 46
- Bij de luchthaven (Şakırpaşa Havaalanı)
Tel. 3 22/4 36 92 14

Treinen
Dagelijks rijden sneltreinen naar Ankara, Haydarpaşa (Istanbul) en naar andere bestemmingen.

Luchthaven
8 km ten westen van de stad.
Tel. 3 22/4 35 03 80

Huurauto's
Depar Tur Ltd.
Voordeliger dan de grote autoverhuurbedrijven.
M. Kemal Pascha Bulv. 73A
Tel. 3 22/4 58 29 24, mobiele tel. 5 32/3 11 49 11

Yılanlı Kale rijst op in de nabijheid van Sirkeli.

Uitstappen

Dilekkaya (Anavarza, Anazarbos) ■ K 3

Imposante burchtberg boven de Oost-Cilicische vlakte, met Romeinse en middeleeuwse muren, een antiek stadion, theater en ruïnes van thermen, mozaïeken en vroegbyzantijnse kerken. Van de 7de tot de 10de eeuw heersten hier de Arabieren tot ze door de Byzantijnen werden verdreven. In de 12de eeuw was Anazarbos de hoofdstad van het Klein-Armeense Rijk, later drongen de mohammedaanse mammelukken het land binnen.
75 km noordoostelijk, via Ceyhan

Karataş ■ K 4

In de zomer is het heel erg druk in de kleine havenplaats, omdat ze vanuit Adana de dichtstbijzijnde badplaats is. Een lang strand, veel logeermogelijkheden. Veel natuurlijker is het strand ten westen van een kleine rivier, die het Akyatanmeer met de zee verbindt. Van het antieke **Magarus**, 5 km ten westen van Karataş, blijven nog slechts enkele ruïnes over.
50 km zuidelijk

Karatepe ■ K 2/L 3

zie Uitstappen, blz. 106

Kurtkulağı ■ K 3

De karavanserai werd in 1711 gebouwd en aan haar massieve, goed bewaard gebleven gewelven, de zware quaderstenen van de buitenmuren en de smalle vensteropeningen is te zien dat de kooplieden met hun karavaanvrachten hier ook hun toevlucht zochten voor rovers. Tegenwoordig is hier een klein theehuis ingericht met kussens, tapijten en oud gereedschap, en voor de poort heeft men een parkeerterrein aangelegd.
60 km oostelijk, via Ceyhan (ten oosten van de weg naar Yumurtalık)

Misis/Yakapınar ■ K 3

In de antieke stad Mopsuestia bevinden zich ruïnes van een theater en stadsmuren, een nog steeds gebruikte Romeinse brug (met negen bogen) over de Ceyhan, maar vooral – in een speciaal eroverheen gebouwde museumhal – een circa 100 m² groot mozaïek met een voorstelling van de ark van Noach, (met panter, leeuw, pauw, gazelle, haan, vermoedelijk uit de 4de eeuw n.Chr.).
25 km oostelijk

Seyhan-stuwdam en stuwmeer/Seyhan Barajı ■ I 3

Op deze uitstap komt u ettelijke theetuinen en restaurants tegen. De Seyhan, die over een lengte van 25 km werd gestuwd, is nu een roerloos meer geworden tussen bergen, landbouwgronden en – naar het Taurus-gebergte in het noorden toe – uitgestrekte bosgebieden. Het 73 km² grote meer irrigeert de Çukurova-vlakte; een tweede stuwmeer is in voorbereiding. Toeristische voorzieningen zijn er nabij van de Seyhan-stuwdam.
8 km ten noorden van de stad (bereikbaar over de wegen ten westen van Seyhan)

Sirkeli/ Yılanlı-burcht ■ K 3

Ten westen van het dorp Sirkeli kruist de weg de spoorlijn naar Bagdad; in het noorden rijst een kleine heuvel op en daarachter, aan de overkant van de Ceyhan-rivier, op een berg staat de ruïne van een middeleeuwse burcht: Yılanlı Kale, de Slangenburcht, die volgens de legende genoemd is naar een slangenkoning.
Als u de burchtberg beklimt (toegangsweg over een verharde weg, daarna circa 15 min. klimmen), ziet u lange muren en acht torens, poortgebouwen en burchtkapelletjes en bij de hoofdpoort het beeld van een koning. Men denkt dat het Leo II (de Grote) voorstelt, de koning van Klein-Armenië, die heerste van 1198 tot 1219 en misschien ook de stichter van de Slangenburcht is.
Veel ouder is het reliëf boven de Ceyhan-rivier, vanaf de spoorweg-overgang te voet bereikbaar. In gebedshouding staat daar de Hettitische grootvorst Muwatalli in de rots uitgehouwen, de koning die in de slag om Kadesj in 1285 v.Chr. de opmars van de Egyptenaar Ramses II tot staan bracht. Door nauwelijks herkenbare hiërogliefen was de de identificatie mogelijk. De beste tijd om te fotograferen: in het morgenlicht, rond 11 uur. Op de heuveltop werden in 1992/93 de muren van een Hettitische stad opgegraven.
40 km oostelijk, via Misis/Yakapınar

Tarsus ■ I 3

Toen de Egyptische koningin Cleopatra in 41 v.Chr. hier voor het eerst de Romein Marcus Antonius ontmoette, was dit een van de belangrijkste steden in het oostelijke gedeelte van het Middellandse-Zeegebied. Tarsus werd ook een centrum van het vroege christendom, later een invloedrijke bisschopszetel in het Byzantijnse rijk. De antieke haven slibde echter dicht, van de bezienswaardigheden uit de Romeinse tijd bleven alleen de poort van Cleopatra en de ruïne van een theater over. Gezellig druk

TIP

De bron van de H. Paulus Als u ondanks het gemis van stadskaarten in Tarsus de weg wilt vinden of vragen, dan komt u ten noorden van de brede Atatürk Caddesi (en niet ver van de Yeni Camii) bij de bron van de H. Paulus (Saint Paulus Kuyusu). Of de apostel, die omstreeks het jaar 10 n.Chr. in Tarsus werd geboren, bij deze bron is opgegroeid, kan niet bewezen noch tegengesproken worden. Maar het hofplein, een rozen- en sinaasappeltuin, is heel mooi en de suppoost biedt vriendelijk thee en het gastenboek aan, waarin kortgeleden ook een kardinaal zijn naam heeft geschreven.
Dorstige mensen kunnen met een lier uit een diepte van 38 m fris water omhooghalen. Dag. te bezoeken ■ I 3

De Çukurova-vlakte bij Adana is een van de grootste katoenteeltgebieden van Europa.

is daarentegen de bazaar (ten noorden van de Atatürk Cad.). Er zijn moskeeën en hamams en in een voormalige medresse (koranschool) bevindt zich een klein museum. Onlangs werden bij de bouw van een busstation nieuwe opgravingen gedaan. En dan is er nog de bron van de H. Paulus...
40 km westelijk

Toprakkale ■ K 3

Reusachtige burcht van het koninkrijk Klein-Armenië (12de eeuw) aan het kruispunt naar Gaziantep en naar Iskenderun/Antakya. Verscheidene poorten, torens, zalen en onderaardse gangen. Er zijn signaalcontacten met andere burchten o.a. met **Yılanlı Kale**.
75 km oostelijk

Yumurtalık ■ K 3

Vanuit de burcht van Yumurtalık kijkt u ver uit over de Golf van Iskenderun. De burcht herinnert aan de tijd van de kruisvaarders, toen Yumurtalık onder de naam Lajazzo de belangrijkste haven van Klein-Armenië was en Venetië, Genua en Pisa hier hun handelsvertegenwoordigingen hadden. Marco Polo is twee keer in Lajazzo geweest, in 1269 en in 1271. De antieke zuilen en beeldhouwwerken verhalen over een nog ouder verleden.
Tegenwoordig is Yumurtalık een gezellige badplaats, zonder grote hotels, maar wel omgeven door honderden uniforme zomerhuisjes. Ook eind oktober heersen hier nog zomerse temperaturen.
80 km zuidoostelijk

Hotel

Öztur Otel
Aan de zee gelegen, met airconditioning en restaurant.
Atatürk Cad.
6 suites
Gemiddelde prijsklasse

Bron van de heilige Paulus in Tarsus

Onder de imposante burchtberg, voor het bergmassief Ak Dağı, werd Alanya een van de meest aantrekkelijkste toeristische bestemmingen.

Alanya

■ F 4

In het begin van de geschiedenis van de stad was Alanya een piratennest dat Korakesion werd genoemd en omstreeks 67 v.Chr. door de Romeinse vloot onder Pompejus werd leeggeplunderd. Het steile voorgebergte stond achtereenvolgens onder de heerschappij van de Romeinen, Byzantijnen, Arabieren en Armeniërs, totdat in 1221 met de Seldjoekse sultan Alâ üd-Din Keykubad I (1220-1237) het Turkse tijdperk begon.

Slechthorendheid met grote gevolgen

De stad heette nu Alaiye en was winterresidentie, handelshaven en steunpunt van de vloot. In 1471 werd Alaiye aan het Osmaanse rijk toegewezen. De huidige naam Alanya, zo wordt gezegd, is te wijten aan een fout van een telegrafist naar aanleiding van een tocht van Atatürk over de Middellandse Zee: 'Alanya klinkt ook heel mooi, laten wij het maar zo houden', zou de 'Vader der Turken' hebben gezegd, en daarmee had de stad haar nieuwe naam.

Modern en mooi

Alanya werd pas de laatste decennia een toeristisch centrum. De stad maakt een heel moderne indruk, met een brede palmenlaan aan de doorgangsweg van Alanya naar Mersin, nieuwe stadswijken ten oosten daarvan en een groot aantal hotels, voornamelijk ten oosten van het centrum van de stad. De meeste zijn door de weg van het strand gescheiden. In de winter blijven meestal alleen de grote hotels geopend.

Drie sterren voor de sfeer

Het voorgebergte met de subtropische plantengroei rondom de ruïnes van de Seldjoekse burcht verleent de stad haar charme. Dit is aan de zuidkust ongeëvenaard: een driesterrenhotel met uitzicht op zee, schilderachtige zonsondergangen en 's avonds een lekker glaasje wijn bij het licht van de maan. Ten oosten van de stad kunt u tochtjes maken door het woeste, romantische berglandschap van Cilicië, ver weg van de vele toeristen.

Hotels en ander logies

Bedesten Hotel
In een oude karavanserai op de burchtberg, rustig en stijlvol, met zwembad.
Het binnenhof en het terras van het restaurant zijn heel mooi en u heeft een prachtig uitzicht.
In het laagseizoen is de service enigzins beperkt
İç Kale
27 kamers (mei-okt.)
Gemiddelde prijsklasse

Best Pansiyon
Centraal gelegen, gezellig, goed geleid familiepension op de 4de verdieping.
Damlataş Cad.
Ongeveer acht kamers
Lage prijsklasse

Club Alantur
Vlak aan het strand gelegen, circa 7 km ten oosten van de stad (met de dolmuş bereikbaar); met mooie tuinen, meerdere zwembaden, veel comfort.
Dimçayı Mevkii, Çamyolu Köyü
399 kamers
Luxeklasse

Club Kastalia
Vakantiedorp met veel sportvoorzieningen in een mooie omgeving, ongeveer 10 km ten westen van de stad.
Konaklı
184 kamers
Hoge prijsklasse (vol pension)

Palmiye Hotel
Vlak bij het Cleopatra-strand ten westen van het centrum gelegen, vriendelijk. Niet alle kamers met uitzicht op zee.
Reserveren bij:
Palm Turizm Ticaret
Otelcilik Danışmanlık Ltd.
Atatürk Cad. 171
48 kamers
Gemiddelde prijsklasse

Güneş Hotel
Mooie, centrale ligging aan het strand. Ontbijtterras en restaurant aanwezig.
Keykubat Cad.
19 kamers
Gemiddelde prijsklasse

Üstün Pansiyon
Goed geleid, gezellig familiepension, in het nieuwbouwgebied ten westen van het centrum gelegen (ongeveer vijf minuten van het strand verwijderd).
Meteoroloji Çık.
24 kamers
Lage prijsklasse

Wandeling

Aan de havenpromenade met zijn palmen en wijd uitzicht ervaart u op elk moment van de dag het echte Alanya – in mindere mate tijdens de hete middaguren. Als u de wandeling bij **Café Alanya** aan de Ahmet Asım Tokuş Cad. begint, loopt u door een klein park en passeert u het gebouw waarin het gemeentebestuur zetelt **(Belediye)**. Dit kubusvormige gebouw met zijn moderne architectuur harmonieert uitstekend met de vormen van de middeleeuwse **Rode Toren** aan de andere kant van de havenpromenade.
In de vissers- en jachthaven kunt u kiezen uit een groot aantal cafés. Daarachter komt u bij de kade met de cruiseschepen en de veerboten die op Cyprus varen, maar u kunt ook bij de Rode Toren via de **İskele Caddesi** naar de toeristische bazaarwijk lopen. U kunt ook een tocht met een koets of een rit op een kameel maken.

Schitterend uitzicht op Alanya vanaf de burchtberg

Bezienswaardigheden

Burcht
De Seldjoekse versterkingswerken strekken zich uit van de haven tot de **İç Kale**, de hoogstgelegen vesting, met imposante muren van natuursteen en bastions die recentelijk gerestaureerd werden, met grote binnenplaatsen, kazematten en diepe onderaardse regenputten. Boven een zeer steile rotshelling is een traliekooi aangebracht, vanwaar u een heel mooi uitzicht heeft op een in zee uitstekende rots met de ruïnes van een kleine, Byzantijnse kerk (een andere bevindt zich in het burchtcomplex).
Rondom de burcht strekken zich plantages uit met olijfbomen, cipressen en fruitbomen. Hier bevinden zich ook de **Süleymaniyemoskee** en een aantal kleine cafés. Zeer aan te bevelen: een wandeling langs de vestingmuren de berg op (ongeveer een uur). Er is ook een busverbinding.
Dag. open, verschillende openingsuren afhankelijk van het seizoen

Damlataş-grot
In de vochtig-warme druipsteengrot dichtbij het Cleopatra-strand kunt u duizenden stalactieten en een hoge koepel bezichtigen.
Dag. open, verschillende openingsuren afhankelijk van het seizoen

Rode Toren/Kızıl Kule
Met een hoogte van 33 m, bij een doorsnede van 29 m, maakt dit interessantste bouwwerk van Alanya in eerste instantie een imposante en afwijzende indruk. In de toren wordt bij het beklimmen van de authentieke, steile, stenen trappen ook duidelijk hoe gevarieerd de – vermoedelijk Arabische – architect het achthoekige bouwwerk in 1226 heeft ontworpen: elke verdieping is anders.
De opdrachtgever was de Roem-Seldjoekse sultan Alâ üd-Din Keykubad.
Aan de haven

Overblijfsel uit vijandige tijden: de Seldjoekse versterkingsmuur

Werf/Tersane
De Seldjoekse scheepswerven, reeds in 1227 gebouwd, kunt u ten zuiden van de Rode Toren bezichtigen. De galerijen werden uit de rotsen gehouwen en zijn door gewelven met elkaar verbonden. Aan de zeekant zijn ze open.

Musea

Alanya-museum
Met een archeologische en etnografische afdeling. Interessant zijn o.a. de documentaties van opgravingen, een bronzen beeld van Hercules uit de 2de eeuw n.Chr. en het diorama van een traditionele bruiloft in Alanya.
In de buurt van het toeristenkantoor.
Ma gesloten

Atatürk-museum
Herinneringen aan Atatürk, die hier in 1935 officieel te gast was. Het is vooral interessant om te zien hoe hier de gewone mensen in de jaren dertig woonden.
Kadıpaşa Cad., Gücüoğlu Sok. (in de stadswijk Kadıpaşa, ten noorden van de Atatürk Cad.)
Ma gesloten

Etnografisch museum
Naast folkloristische voorwerpen (wapens, tapijten, huishoudelijke voorwerpen) zijn platen met gedichten van Yunus Emre tentoongesteld (Turks en Engels). Een voorbeeld: 'Kom, laten wij allemaal vrienden zijn,/Laten wij van het leven genieten,/Laten wij geliefden zijn./De aarde mag niet voorbehouden zijn aan een persoon.'
In de Rode Toren, bij de haven
Ma gesloten

Eten en drinken

Bellman Bistro
Een ontmoetingspunt aan de havenpromenade. Hier wordt meestal gewoon iets gedronken, maar er zijn ook kleine gerechten verkrijgbaar.
Hoge prijsklasse

Güven restoran
Ook bij de Turken zelf zeer populair: voortreffelijke Turkse keuken (niet alleen maar kebab!), vis en zeevruchten.
Atatürk Cad. 3, ten oosten van de Post
Gemiddelde prijsklasse

TIP

Rafting is op de snelstromende beken en rivieren uit het Taurus-gebergte een trend geworden, bijvoorbeeld op een 5 km lang traject dicht bij Akköprü bij Gazipaşa, ten oosten van Alanya. Het is echter niet ongevaarlijk om in een rubberboot over het kolkende water te varen: in het nationaal park Köprülü Kanyon ten noorden van Side kwam in de jaren negentig een toerist in de onderaardse karstgangen om het leven. Maar als de organisatoren ervaring hebben, is rafting 'à la turca' een verfrissend avontuur. Informatie: **Alraft Rafting and Riding Club** (adres: zie Nuttige informatie, blz. 52)

Hisar Restaurant en Café
Wanneer u zich aan een van de tafeltjes op het overdekte terras van dit restaurant zet, hebt u een prachtig uitzicht op de oostelijke baai en het gebergte.
Kaleyolu Hisarici 81 (straat met panorama over de burcht)
Gemiddelde prijsklasse

Mahperi Sultan Restoran
Traditioneel adres voor de Turkse keuken, bijvoorbeeld heerlijke kip-şişkebab en lamsgerechten.
Gazi Paşa Cad.
Hoge prijsklasse

Yakamoz Restaurant
Het mooie uitzicht op de havenbaai doet de naam eer aan, want

yakamoz betekent 'zeeglinstering'. Er heerst een nostalgische sfeer. Twee terrassen.
Turkse keuken, visgerechten.
İskele Cad. 39
Gemiddelde prijsklasse

Winkelen

Ongeveer 400 (!) juwelierszaken beconcurreren elkaar. Veel van deze winkels zijn lid van een vereniging voor kwaliteitsgarantie. Een specialiteit uit Alanya is de met de hand vervaardigde zijden stof bürümcük.

Iç Kale
In de bovenstad rond de Seldjoekse burcht bieden vrouwen en meisjes kleding en tafellakens aan. Als u er geen wil, zeg het dan op tijd, anders houden ze niet op.

Shopping Center Damlataş
Rijen winkels rondom een grote binnenplaats, in de buurt van het toeristenbureau.
U vindt er ook een klein postkantoor, waar u rustiger kunt telefoneren dan in het hoofdkantoor aan de Atatürk Cad.

's Avonds

De theetuinen, dakterrassen en cafés die tussen de haven en Belediye liggen zijn een populair ontmoetingspunt.
Veel discotheken vindt u onder andere in **Dim Çay**, ten oosten van de stad. Ze wisselen echter regelmatig van eigenaar.

Ada-Bar
Live-muziek.
Atatürk Cad., ca. 100 m ten westen van het Atatürk-monument bij het Belediye-park.

Nuttige informatie

Inlichtingen
Turizm Danışmaşı/Information Office
Damlataş Cad.
Tel. 2 42/5 13 12 40, fax 5 13 54 36
Dag. open, verschillende openingsuren afhankelijk van het seizoen.

Boottochten
Naar de grotten Korsanlar Mağarası (Piratengrot), Aşıklar Mağarası (Grot van de Geliefden), Fosforlu Mağara

Het binnenland heeft een weelderige plantengroei.

(Blauwe grotten), die alleen over het water bereikbaar zijn: u kunt een boot per uur huren of u kunt boottochten maken gedurende een hele dag naar picknickplaatsen en badstranden. De maaltijd is dan in de prijs inbegrepen.

Busstation
De bussen rijden o.a. naar Antalya, Anamur en Silifke.
Aan de weg naar Antalya (Atatürk Cad.)
3 km van het centrum van de stad verwijderd.

Veerboten
De overtocht met een veerboot naar Noord-Cyprus duurt ongeveer 5 uur. U kunt ook een veerboot naar Anamur nemen.

Luchthaven ■ E3
De dichtstbijzijnde luchthaven is Antalya, 110 km verwijderd. De busreis naar de luchthaven van Antalya duurt ongeveer anderhalf uur.

Reisbureau
Anilgan Hote
Keykubat Cad.
Tel. 2 42/5 12 86 55, fax 5 12 19 77

Sport
Alraft Rafting and Riding Club
Tel. 2 42/5 13 91 55 56
Fax 5 13 17 59 (in het Azak Hotel, Atatürk Cad. 161)

Anfora Diving Center (A.D.C.)
Vijfdaagse cursus voor het duikbrevet 'Padi-CMAS' en andere certificaten.
Hotel Grand Kaptan
Iskele Cad.
Tel. 2 42/5 14 01 02 en 5 14 00 99

Turks bad
Mimoza Hamamı
Zijstraat van de Kültür Cad.

Uitstappen

Alara Karavanserai ■ F4
De Seldjoekse karavanserai werd in 1232 gebouwd. Ook de burcht is via een tunnel in de rotsen te bereiken (enkel voor geoefenden).
30 km westelijk

Anamur ■ G 5
zie Uitstappen, blz. 102

Aytap (Iotape) ■ F 4
Antieke en middeleeuwse ruïnes liggen te midden van maquisstruiken en bananenterrassen. Op de kaap staat een restaurant en in de rotsbaai is een mooi, klein strand.
35 km oostelijk

Dimçayı Barajı ■ F 4
Stuwmeer van de rivier de Dim (Dimçayi), die bij hotel Alantur in de zee uitmondt. Mooi, nog ongerept rivierdal met bossen, picknickplaatsen, zwemmogelijkheden.
16 km oostelijk

Dim Mağarasi ■ F 4
Sinds 1998 geopend. De Dim-grotten boven de Dim-rivier, met hun prachtige, sneeuwwitte tot roodbruine druipstenen zijn een van de mooiste van Turkije: 360 m lang, met hallen, gangen, trappen en een klein onderaards meer.
Aan de vertakking van de hoofdweg Alanya-Silifke bij Café König/Club Alantur
Dagelijks open

İncekum ■ F 4
Klein bospark met mooi strand en een restaurant. Picknicken en kamperen mogelijk.
22 km westelijk

In deze stad van palmen, moskeeën en bazaars nabij de Syrische grens bevindt zich de grot van de apostel Petrus en de grootste verzameling van Romeinse mozaïeken.

Antakya Hatay

■ K 4/L 4

Toen Antakya nog Antiochië heette, was het de op twee na grootste stad langs de Middellandse Zee, na Rome en Alexandrië. Tegenwoordig is Antakya geen wereldstad meer, maar een interessante mengelmoes van Arabische en Europese invloeden. Terwijl zich ten noorden van de rivier de Asi (in de Oudheid: Orontes) een schilderachtige bazaar uitstrekt, doet de Atatürk-boulevard met zijn palmen en boetiekjes denken aan de Franse Rivièra.

Waarom zo Frans?

Na de Eerste Wereldoorlog behoorde Antakya met de provincie Hatay bij Syrië, dat op zijn beurt deel uitmaakte van het Franse mandaatgebied. Er verbleven veel Fransen in Antakya en in Iskenderun. Maar de Turkse bevolking drong aan op aansluiting bij Turkije. In 1936 eindigde het mandaat, en in 1939 – een jaar na de dood van Atatürk – besloot het parlement van Hatay tot de vereniging met Turkije.
Syrië weigert tot nu toe dit besluit te erkennen, de Arabische bevolking van Hatay is voor het grootste deel weggetrokken. Hoewel de grensovergang open is, wordt de versterkte demarcatielijn door militairen bewaakt.
Als u Antakya bezoekt, zult u niets merken van deze spanningen. In het omliggende gebied kunt u genieten van de natuur en enkele unieke plaatsen bezoeken: Romeinse, maar vooral ook vroegchristelijke.
De belangrijkste feiten uit de geschiedenis: in 300 v.Chr. stichtte Seleucus Nikator, een generaal van Alexander de Grote, de stad die weldra een handelscentrum werd. In 64 v.Chr. werd Antiochië voor ruim een half millennium Romeins. De apostel Petrus preekte voor christenen, joden en heidenen en werd de eerste bisschop van Antiochië. In 540 n.Chr. wordt de stad door de Sassanied Chosraus veroverd en in het jaar 637 door de Arabieren bezet. Als omstreden kwestie tussen de Byzantijnen en de Seldjoeken werd Antiochië in 1098 de hoofdstad van het gelijknamige christelijke hertogdom, dat gesticht werd door de ridders van de Eerste Kruistocht. Sinds 1268 behoorde Antakya toe aan de Egyptische mammelukken en sinds 1517 aan de Osmanen.

Hotels en ander logies

Atahan
Betrouwbaar adres in de binnenstad, deels met airconditioning.
Hürriyet Cad. 28
28 kamers
Gemiddelde prijsklasse

Büyük Antakya Oteli
Comfortabel en centraal gelegen. Het beste hotel in de stad. Airconditioning, garage, bar.
Atatürk Cad. 8
72 kamers
Luxeklasse

Defay Oteli
Een goed adres om uit te rusten.
Defne Cad., Harbiye
29 kamers
Gemiddelde prijsklasse

Orontes
Nabij het busstation (otogar).
İstiklal Cad. 58
35 kamers
Gemiddelde prijsklasse

Wandeling

De **Atatürk Caddesi** is schitterend gelegen in de nieuwe stad, langs de Asi-rivier aan de mooie, brede heuvelrand.
Daardoor is het winkelen op de boulevard nog gezelliger. Begin de wandeling in het centrum van de stad (monument: Atatürk hoog te paard), loop over de Atatürk

Caddesi aan de ene kant omhoog en wandel aan de andere kant terug. Daarna kunt u ook nog een bezoek brengen aan de gezellig drukke bazaarstraatjes aan de andere kant van de rivier of u kunt een tafeltje zoeken in een van de theetuinen in het palmenpark (Atapark) boven de Asi-rivier.

Bezienswaardigheden

Aquaduct van Trajanus
De Romeinse keizer Trajanus (regeerde van 98 tot 117) liet het aquaduct bouwen, dat het water van de bronnen in Harbiye naar Antiochië leidde.
Bescheiden overblijfselen naast het staatsziekenhuis.
Hastane Sotz.

Bazaar
zie Tip, blz. 58

Burcht/Antakya Kalesi
Ruïnes uit de tijd van de kruisridders (11de eeuw), met nog oudere muurringen. Restaurant, mooi uitzicht.
Ten oosten boven de stad (richting Reyhanlı, rechts bij het bord afslaan)

Grote moskee/Ulu Cami
Gebouwd in de 16de eeuw, prachtig versierd met stenen.
In het centrum van de stad

Habib Neccar Camii
Oorspronkelijk een antieke tempel, daarna een christelijke kerk, later een moskee, met graven van mohammedaanse heiligen en een minaret uit de 17de eeuw.
Kurtuluş Cad., ten oosten van het centrum

St.-Petrusgrot/Senpiyer Kilisesi
Natuurlijke grot, 13 x 9 m groot, ruim 7 m hoog. Petrus en Paulus hebben hier gepredikt, en in de

Ingang tot de grot van St.-Petrus

Handelingen van de Apostelen (hfdst. 11, 26) staat: 'Hier in Antiochië werden de volgelingen voor het eerst christenen genoemd.' De portaalbogen zijn van jongere datum: ze dateren uit de tijd van de kruisvaarders en werden in 1863 gerestaureerd. Het altaar dateert uit 1931, evenals de stenen zetel erachter in Romeinse bouwstijl. Reeds ten tijde van de apostelen stroomde er water uit de kleine bron ten zuiden van het altaar. Dit water wordt nog steeds door pelgrims opgevangen. Op de sterfdag van de heilige Petrus, op 29 juni, en met Kerstmis worden hier H. Missen opgedragen en worden er huwelijken ingezegend. De orthodoxe gemeente telt duizenden leden, ook katholieken komen hierheen. De broeders der kapucijnen zijn sinds 1864 in Antiochië (katholieke kerk).
Heel mooi is het kleine **kerkhof** voor de grot, met een wijd uitzicht.

300 m achter de grot bevindt zich op de rotsen een meer dan levensgroot antiek **reliëf** van Charon, de veerman die de doden over de rivier de Styx naar de Hades (dodenrijk) brengt.
Dagelijks open, behalve ma.
Noordoostelijk van de stad

Museum

Archeologisch museum
De wereldberoemde collectie Romeinse mozaïeken toont de vroegere rijkdom van de stad: ze werden bijna allemaal hier en in de omgeving gevonden en dateren uit de 2de tot de 5de eeuw. Het zijn beelden over de natuur en de mythologie, 'geschilderd' met kleurrijke steentjes.
Heel levendig is bijvoorbeeld het beeld van een jongen op een dolfijn, een andere jongen die in een smalle boot zit met een peddel in zijn hand, en een derde die een inktvis uit het water haalt.

TOPTEN 9

Het museum werd speciaal ontworpen voor het grote formaat van mozaïekschilderingen. Hier kunnen ook Hettitische beeldhouwwerken worden bezichtigd.
Sommige stenen leeuwen werden bij de opgravingen in Tell Atchana gevonden (13de eeuw v.Chr.).
Cumhuriyet Meydanı
Dagelijks open, behalve ma.

Eten en drinken

Het **Hotel Büyük Antakya** heeft een internationale keuken. De restaurantstraat is de **Hürriyet Caddesi** aan de oostzijde van de Asi-rivier. Meestal is de inrichting eenvoudig en zijn de prijzen laag, maar behalve snackbars vindt u hier ook de betere Turkse keuken, bijvoorbeeld bij de volgende restaurants:

Restaurant Anadolu
Drukbezocht door Turken, meestal blijven de mannen onder elkaar.
Hürriyet Cad. 50C
Hoge prijsklasse

Dit leeuwenpaar is te bewonderen in het museum van Antakya.

Achter de minaret van de Ulu Camii rijzen de heuvels met de burchtruïne op.

Han Restaurant Hatay Külübü
Een ontmoetingspunt; eetzaal op de eerste verdieping.
Hürriyet Cad. 19C
Gemiddelde prijsklasse

Winkelen

Güler
Modieuze ceintuurs en tassen.
Atatürk Cad. 54B

Tiffany & Tomato
Sportieve mode voor dames en heren.
Atatürk Cad. 18E

's Avonds

Roof Night Club
In het **Büyük Antakya Hotel**, Atatürk Cad. 8
vanaf 's avonds

Nuttige informatie

Inlichtingen
Tourist Information (Hatay İl Turizm Müdürlügü)
Vali Ürgen Alanı 47
Tel. 3 26/2 16 06 10, fax 2 13 57 40
Ma-vr open

Reisbureau
Al-Naz Travel Agency (ook Türk Hava Yolları/THY)
Mehmet Şah Vakit İşhanı
B-Blok, Asma Kat. nr. 4
Tel. 3 26/2 13 72 65

TIP

Oude bazaar Elke Turkse stad heeft ten minste één bazaar, maar deze heeft zijn eigen bekoring: hij is niet zo toeristisch als die van Antalya en ook niet zo chaotisch als die van Adana. Met verscheidene moskeeën, hamams, met bomen begroeide pleinen en ingebouwde binnenplaatsen (bijvoorbeeld **Kurşunlu Han**) maakt de bazaar van Antakya een heel authentieke indruk, ook al is het grootste deel van de bouwmaterialen afkomstig uit de 19de eeuw. Sommige straatjes zijn nog ingedeeld aan de hand van ambachten (bijvoorbeeld ijzersmid) en producten. Een heel groot gedeelte wordt in beslag genomen door de goudsmeden, onder wie veel orthodoxe christenen.

Een gezellige plaats voor een uitstapje tijdens het weekeinde: Harbiye

Uitstappen

Arsus/Uluçınar ■ K 4

Het beste strand in de hele omgeving, kleine badplaats aan de voet van de bijna 1800 m hoge Nur-bergen (Nur Dağları).
Circa 90 km, via İskenderun

Çevlik ■ K 4

Kilometerslang, kaal strand tot aan het dorp **Mağaracık, maar wel slecht onderhouden**.
Aangrenzend de antieke ruïnes van **Seleukia de Pieria**, de haven van Antiochië (tegenwoordig de snel groeiende stad **Samandağ**). Onder de heerschappij van keizer Vespasianus (69-79) werd het rotsgebergte bij Çevlik doorboord om de stad en de haven tegen overstromingen te beschermen. De zogeheten 'Titus-tunnel' is 7 m hoog en begaanbaar (stevige schoenen en zaklamp zijn aan te bevelen!).
33 km westelijk

Güzelyayla ■ K 4

Bergdorp ten zuiden van Iskenderun te midden van bossen. Aan te bevelen voor wandelaars.
50 km noordelijk (vertrek bij Belen)

Harbiye (Daphne) ■ K 4

Boomrijke vakantieplaats met kleine hotels, cafés, een waterval en sinaasappelplantages. De broers **Özalp** zijn beeldhouwers en maken kopieën van beelden uit de Klassieke Oudheid. U kunt in hun atelier een 'Tyche' (= Fortuna), de beschermheilige van het antieke Antiochië, maar ook erotische kleine kunstvoorwerpen kopen.
(Harbiye Karyar Mah).
9 km zuidelijk

İssos ■ L 3

Door de overwinning van de Macedonische koning Alexander op de Perzische grootvorst Dareios III in 333 v.Chr. is de naam algemeen bekend worden. Door het akkerland loopt een Romeins aquaduct met circa honderd bogen.
80 km noordelijk, vertrek vanaf de autoweg bij Erzin (met borden aangegeven).

Musa Dağı ■ K 4

Op de 1281 m hoge 'Mozesberg' (in het Arabisch: Djebel Mussa) vochten in de zomer van 1915 Armeniërs tegen een Osmaanse overmacht.
Tegenwoordig wonen in de dorpen nog enkele Armeense families en moslims en christenen.
25 km westelijk

Payas/Yakacık ■ K 3/L 3

Rokende industrieschoorstenen kenmerken de aanblik van deze plaats, maar bezienswaardig is wel de **Sokullu Mehmet Paşa Karavanserai**, een bouwwerk van de architect Sinan uit de 16de eeuw.
72 km noordelijk

St.-Simeon-Stilitis-klooster ■ K 5

zie Uitstappen, blz. 100

Tell Atchana ■ L 4

Bij opgravingen in de jaren dertig werden 17 cultuurlagen ontdekt, van het Neolithicum tot de Hettieten. Bij het nabijgelegen Reyhanlı ligt het mooie **Yenişehir-meer**.
Ongeveer 25 km oostelijk, ten zuiden van de weg naar Halep (Aleppo)

De 'glimlachende schoonheid van Zuid-Turkije' heeft een prachtig landschap, sport, amusement en overblijfselen uit de Oudheid te bieden.

Antalya

■ D 3/E 3

Wat in het begin van de jaren zeventig nog slechts plannen waren, is voor het grootste gedeelte werkelijkheid geworden: de oude binnenstad van Antalya **(Kaleiçi)** werd behoed voor verval, de industriehaven werd naar buiten verplaatst, aan de lange stranden ten zuiden en oosten van de stad ontstonden nieuwe vakantiecentra en in het achterland werden drie heel mooie nationale parken aangelegd. Menige oude idylle is opgeofferd aan dit grootse toeristische ontwikkelingsproject, maar desondanks bleef de regio gespaard van de ongebreidelde betonbouw, die veel kustgebieden langs de Middellandse Zee heeft ontsierd. Atatürks lovende woorden over Antalya 'Ongetwijfeld de mooiste stad van de hele wereld!' zijn daarom nog steeds wat ze ook al in de jaren dertig waren: maar een heel klein beetje overdreven.

Een jonge stad met een geschiedenis van 50.000 jaar

Voor Anatolische begrippen is Antalya een jonge stad: pas in 158 v.Chr. stichtte koning Attalos van Pergamon deze stad. Attaleia – zo heette Antalya destijds – werd als haven gebruikt. Op de achtergrond van de grote baai rijst het meer dan 3000 m hoge Taurusgebergte op, daaronder strekt zich de groene vlakte van Pamfylië uit. Jagers uit het ste-

Het Lara-strand nabij Antalya

nen tijdperk lieten 160.000 jaar geleden sporen achter in de Karain-grotten.
Na de koningen van Pergamon kwamen de Romeinen. In de Handelingen der Apostelen wordt de stad als halteplaats tijdens de eerste missiereis van Paulus genoemd, en in 130 n.Chr. werd ze bezocht door keizer Hadrianus. De poort die ter ere van hem werd gebouwd, staat er nog steeds. Als belangrijke havenplaats werd de stad door Arabieren aangevallen en door kruisvaarders voor de inscheping naar Palestina gebruikt. In 1207 veroverden de Turkse Seldjoeken Antalya. Na de Seldjoeken regeerde de dynastie van de Hamidoğlu-emirs van Eğirdir en van 1391 tot 1918, meer dan vijfhonderd jaar, het Osmaanse vorstenhuis.

Metropool van de vakantiezon

Het centrum van de oude stad is nauwelijks veranderd als gevolg van de enorme groei van het aantal inwoners. Van het **Konyaaltı-strand** in het westen tot het **Karaalioğlu-park** ten zuiden van de havenbaai laat Antalya de glimlach van een zonnige vakantiemetropool zien. De zon staat niet voor niets 300 dagen per jaar boven de palmenlanen en oleanderstruiken.
Wie een strandvakantie wil, kan het beste ten oosten van de stad aan het **Lara-strand** zijn intrek nemen of in de aangrenzende plaatsen Kemer, Beldibi, Belek of Side. Antalya is vooral geschikt als centraal vertrekpunt voor allerlei uitstappen – overigens ook in de winter, wanneer de prijzen sterker dalen dan de temperatuur.

Uitzicht op de Yivli Minare met op de achtergrond de Saklıkent-bergen

Hotels en ander logies

Het aantal hotels, pensions en vakantiedorpen is enorm toegenomen. In plaats van de vijfsterrenhotels **(Dedeman, Falez, Sheraton, Talya** en andere) en veel toeristische logeermogelijkheden aan het Lara-strand, noemen wij vooral adressen in de oude binnenstad. Ze zijn rustig gelegen en heel geschikt om van daar uit Antalya te verkennen.
In Anatalya zijn ook nog goedkope logeeradressen te vinden.
Als onderstaande adressen volgeboekt zijn, ga dan eens een kijkje nemen in Kaleiçi.

Aspen Oteli
Hotel in de oude binnenstad met een klein zwembad, een goed verzorgd restaurant en een privé-parking.
Kaleiçi 16, 07100 Antalya-Kaleiçi
36 kamers
Luxeklasse

Adalya camping
Aan het Lara-strand, 15 km ten oosten van het centrum, met restaurant en motel.

Lara Oteli
Strandhotel met comfort en sportaccommodaties, op ongeveer 11 km ten oosten van het centrum gelegen.
Lara Yolu P. K404
60 kamers, halfpension
Hoge prijsklasse

Perge Oteli
Wie prijs stelt op uitzicht op zee, een uitstekende service, een goede keuken en vrij grote kamers, is in het 'Perge' zeker aan het juiste adres.
De airconditioning functioneert 's winters ook als verwarming.
Eigen badkamer.
Perge Sokak nr. 5 (aan het Karaalioğlu-park)
24 kamers
Hoge prijsklasse

Sibel Pansiyon
Rustig gelegen in het oude centrum. Zeer aangenaam, airconditioning en tuin.
Firin Sokak 30 (Kesik Minare Civari)
7 kamers, waarvan 2 met 4 bedden
Lage prijsklasse

Tütav Türk Evi Otelleri
zie Tip, blz. 18

Wandeling

TOPTEN 2

Spreek met uw vrienden af op het mooiste **theeterras** van Turkije: boven de halfronde rotsheuvel van de oude haven. Vandaar loopt u langs het **monument van Atatürk** en de zalmroze **Yivli Minare** (gegroefde minaret), het symbool van Antalya, en komt u via de kruising Cumhuriyet Cad./Kazim Özalp Cad. bij de **bazaar**. Zuidwaarts over de Atatürk Cad. bereikt u als alternatief het mooiste Romeinse monument van Antalya, de **Hadrianus-poort**. Het loont de moeite om een wandeling te maken naar de zorgvuldig gerenoveerde oude binnenstad. Ten slotte kunt u nog een omweg zuidwaarts naar de theetuinen in het **Karaalioğlu-park** maken, weer met uitzicht op zee.

Bezienswaardigheden

Hadrianus-poort
De erepoort heeft drie doorgangen met Corinthische zuilen, gebouwd naar aanleiding van het bezoek van de keizer in 130 n.Chr. U heeft een vermoeden van de vroegere rijkdom van de antieke stad en ziet

tegelijkertijd het huidige 2-3 m hogere straatniveau.
Atatürk Cad.

Hıdırlık Kulesi
14 m hoge toren met twee verdiepingen, in de 2de eeuw waarschijnlijk als vuurtoren gebouwd. Ten zuidoosten van de haven in het park.

Kesik Minare
De 'afgebroken minaret' was oorspronkelijk waarschijnlijk een Byzantijnse kerk, later een moskee.

Murat Paşa Camii
Een moskee uit de 16de eeuw, met mooie tegeldecoraties.
Kazim Özalp Cad. (in de buurt van het otogar van de snelbussen)

Yivli Minare
De 'gegroefde minaret', tussen 1219 en 1238 gebouwd door de Seldjoekse sultan Alâ üd-Din Keykubat, is tegenwoordig het symbool van de stad. Er dichtbij staat de **Karatay Medrese** (koranschool) en de achthoekige **piramide,** die in 1250 als mausoleum van Zincirkiran Mehmet Bey werd gebouwd.
Dagelijks open

Eten en drinken

Ahtapot Restaurant
Onder de rotswand van de haven. Specialiteit: **Balık Buğulama** (vissoep met wijn en tomatensaus).
Kaleiçi Yat Limanı,
Hoge prijsklasse

Favorit Restoran
Tuinrestaurant in de oude binnenstad, vriendelijke service.
Uzunçarşı Sok. 19
Gemiddelde prijsklasse

Restaurant Hisar
Binnen de oude vestingmuren, alsof het voor de kruisridders is ingericht. Deels raamloze gewelven, deels met balkons met een mooi uitzicht.
Cumhuriyet Meydanı
Gemiddelde prijsklasse

Magic Mount
Ronddraaiend restaurant vanwaaruit u een fantastisch uitzicht heeft over de stad en de zee (670 m). Ook hotel.

TIP

Het Antalya-museum bezit een van de belangrijkste collecties van Turkije: vooral Helleense en Romeinse beeldhouwwerken, maar ook interessante pas ontdekte grafvondsten, bijvoorbeeld uit een in 1987 bij Bayındır/Elmalı opgegraven grafheuvel de zilveren en ivoren sieraden van een jonge Frygische vrouw, die in de 7de eeuw v. Chr. leefde. Sinds 1994 is het museum heel trots op een rijk versierde sarcofaag, een naar de USA gesmokkeld kleinood dat door het Metropolitan Museum aan Turkije werd teruggegeven. Aan het westeinde van de Konyaaltı Bulvarı (dolmuş), ma gesloten

Een mysterieuze plek: de begroeide ruïnes van Olympos

Tünektepe, ongeveer 8 km westelijk
Gemiddelde prijsklasse

Tropic Garden
Goede Turkse keuken, te midden van sinaasappel-, olijf- en vijgenbomen.
Hesapci Sok. 44 (Kesikminare Karsisi)
Gemiddelde prijsklasse

Winkelen

De oude bazaar in het stadscentrum, recht tegenover de klokkentoren over de haven, is te klein geworden. Hier zijn vooral goud en schoenen te koop.
De typische winkeltjes met levensmiddelen en kleren vindt u enkele straten verderop, aan het voormalige busstation.
Toch loont het nog de moeite om de doolhof aan kleine steegjes tegenover de klokkentoren te bezoeken, ook omwille van de vroegere hamam.
Twee straten verder naar het oosten treft u de steegjes van de smeden en wolhandelaren: een pittoresk stukje Turkije...
Dure stoffen, schoenen en andere lederwaren vindt u in de winkels aan de Cumhuriyet Cad., de Atatürk Cad. en ook aan de Konyaaltı Bulvarı. Populaire souvenirs zijn gemarineerde vruchten en jam (groot aanbod rondom het centrale Kalekapısıplein).

's Avonds

De jachthaven met haar restaurants en bars is een belangrijk ontmoetingspunt.
De grote hotels beschikken allemaal over een disco. Het adres van een openluchtdiscotheek:

Club 29
In een gerestaureerde karavanserai, met een uitstekend restaurant.
Boven de jachthaven.

Bioscoop
Buitenlandse films worden vaak in de oorspronkelijke taal (met Turkse ondertitels) vertoond.

Kültür Sinema
Atatürk Cad.

Sinema Oscar
In de oude binnenstad

Nuttige informatie

Inlichtingen
Tourist Information/Turizm Danışması
Cumhuriyet Cad., THY Yanı, Özel İdare İs Hanı
Tel., fax 2 42/2 41 17 47
Dagelijks open (in het seizoen zonder middagpauze), behalve za
Tourism Directorat
Tonguç Cad. No. 21, Kaleiçi
Tel. 2 42/3 43 27 60 en 61
fax 3 45 15 06

Reisbureau
Maki Tour Turizm
Uzunçarşı Sok. 16B (ten zuiden van de klokkentoren)
Tel. 2 42/2 41 45 41,
fax 2 43 14 02

Turks bad
Demirhan
Anafartalar Cad.
Tel. 2 42/2 43 61 96 en 2 47 58 59

Verkeer
Busstation (otogar)
Anadolu Kavşaği
Tel. 2 42/3 31 12 50
Turkish Airlines (THY)
Cumhuriyet Cad., Özel Idare Ishanı
Tel. 2 42/2 43 43 83, fax 2 48 47 61

Turkish Maritime Lines
Akça Denizcilik Tic., Koll. Şti. Evren Apt. 49/19
Tel. 2 42/2 41 11 20, fax 2 41 77 74

Jachthavens
Turban Antalya Kaleiçi Marina
Tel. 2 42/2 42 36 76, fax 2 42 36 75
Setur Marina
Tel. 2 42/2 59 12 90, fax 2 59 11 82

Uitstappen

Aspendos (Belkıs) ■ E 3

Het best bewaard gebleven theater uit de Oudheid met een 30 m hoge muur van het toneelhuis, arcaden boven de 40 rijen zitplaatsen en nog zichtbaar doorboorde blokken voor de bevestiging van zonneschermen (gebouwd in de 2de eeuw). Ook overblijfselen van o.a. een markthal, een stadion en een aquaduct.

Belek ■ E 3

Dit vakantiegebied 35 km ten oosten van Antalya ontstond in feite pas enkele jaren geleden. Het bezit verscheidene vijfsterrenhotels, vakantiecomplexen, pijnboombossen en een lang, lichtjes afhellend zandstrand. Behalve zwembaden en sauna, windsurfing, waterski, tennisbanen en allerlei animatie heeft Belek ook een 27-hole-golfterrein.

Büyük en Küçük Çaltıcak ■ D 4

Badstranden onder de kustweg en de beboste bergen van het Olympos-massief.
16 km zuidwestelijk

Düden-waterval ■ D 3

zie Uitstappen, blz. 105

Karain-grotten ■ D 3

zie Uitstappen , blz. 105

Kemer ■ D 4

Meer dan honderd hotels, waarvan sommige in de vijfsterrencategorie, vakantiedorpen, campings, pensions en nog steeds nieuwe bouwplaatsen – dat is Kemer. Geen vissersdorp zoals nog in het begin van de jaren tachtig, maar ook geen reusachtige bouwplaats. Het is meer een dorp voor vakantiegangers, met stranden, tennisbanen en een jachthaven. Op een smalle landtong kan het **Yörük-park** bezichtigd worden, een nomadenkamp met een huwelijksnachttent en nomadendrankjes.
Lange stranden en veel toeristische voorzieningen vindt u ook in de in zuidelijke richting aangrenzende dorpen **Çamyuva** en **Tekirova** (laatstgenoemde bevindt zich nog in de opbouwfase) en het noordelijker gelegen **Beldibi**.
44 km zuidwestelijk

Hotel

Türkiz Hotel
De beste ligging aan de marina van Kemer, veel comfort.
Yalı Cad. 3
Luxeklasse (half pension)

Nationaal park Köprülü Kanyon ■ E 3

De kloof van de rivier de Köprü onder het Dedegöl-gebergte (2992 m hoog) is 14 km lang en tot 700 m diep. Kristalhelder, visrijk water,

wandelwegen, zeldzame planten, karstgrotten. Twee bruggen over de rivier en de ruïnes van de stad **Selge** (bij het dorp **Altınkaya**) dateren uit de Grieks-Romeinse tijd. Van april tot oktober is op de rivier de Köprü ook rafting mogelijk (zie blz. 29).
92 km noordoostelijk

Manavgat ■ E 3

De kleine provinciestad in de buurt van Side wordt wegens de watervallen **(Şelale)** van de Manavgat Çayı door veel toeristen bezocht. Daarom zijn er ook talrijke restaurants en picknickplaatsen.
80 km oostelijk

Olympos ■ D 4

Schitterend bosdal aan de rand van het grote **Olimpos Beydağları Sahıl Milli Parkı** (nationaal park Olympos) met romantisch begroeide ruïnes van de antieke stad, die zich bijna tot het lange Çıralı-strand uitstrekt. Via een voetpad bij de berghelling bereikbaar: de **Chimära**, aardgasvlammen, die al duizenden jaren uit bergspleten branden en in de Oudheid als vuurspuwende monsters werden gevreesd. Naar de andere stranden worden boottochten georganiseerd, in het nabijgelegen dorp Çıralı vindt u een onderkomen, bijvoorbeeld in het vriendelijke pension Yavuz met tuin, dat vlak bij het strand ligt.
75 km zuidwestelijk (ca. 15 min. van de hoofdweg)

Perge ■ E 3

Heel interessant, omdat in de stadsstructuur nog goed het ruïneterrein te zien is van de stad die vermoedelijk in de 12de, 11de of 10de eeuw v.Chr. door Griekse kolonisten gesticht werd als gevolg van de Ionische volksverhuizing. Het agora, het markt- en vergaderplein van de stad, werd gereconstrueerd doordat de archeologen de omgevallen zuilen op nieuwe sokkels plaatsten. Er werd een lange straat van de zuidelijke poort naar de akropolisberg blootgelegd, met winkels achter de zuilenrijen en overblijfselen van mozaïekplaveisel. In het midden van de straat loopt een kanaal met een zes meter lang stuwbekken. Bijzonder interessant is de hoge poort met twee torens en een hoefijzervormige binnenplaats, gewelven en beeldnissen. Buiten de stadspoorten kunt u het oude stadion en het in de Romeinse tijd gereconstrueerde theater zien, met ongeveer 10.000 zitplaatsen. Er werden marmeren reliëfs blootgelegd.
Dag. open, verschillende openingsuren afhankelijk van het seizoen
18 km noordoostelijk

Phaselis ■ D 4

Een antieke havenstad met drie baaien, amfitheater, agora, thermen, aquaduct en sarcofagen op een mooi bebost schiereiland. Omstreeks 690 v.Chr. was het een Griekse nederzetting, later kwam het onder Egyptische en Romeinse heerschappij. Goede zwemmogelijkheid.
Archeologisch terrein:
Dag. open, verschillende openingstijden afhankelijk van het seizoen
58 km zuidwestelijk

Vlak bij de oever van de Midellandse Zee staan de zuilen van de tempel van Apollo in Side.

Saklıkent ■ D 3

Het skiseizoen duurt van januari tot april: op een hoogte van 2000 tot 2200 m in het Beydağları-gebied, met pistes van elke moeilijkheidsgraad. Talrijke berghutten. Hoewel het aantal liften niet zo groot is als in de belangrijke skigebieden, heeft Saklıkent veel meer variatie te bieden, zodat het gemakkelijk kan wedijveren met skiplaatsen in Oostenrijk of Zwitserland. 's Morgens skiën, 's middags aan het strand liggen – of omgekeerd.
50 km westelijk

Side ■ E 3/E 4

In de uitgestrekte baai ten westen van Side, maar ook in oostelijke richting strekken zich brede zandstranden uit, die tot de mooiste aan de zuidkust behoren. De vroegere vissersplaats met het fantastische antieke theater heeft tegenwoordig een groot aantal souvenirwinkels en restaurants en in de zomer is Side van 14 tot 1 uur afgesloten voor autoverkeer. U treft er echter ook nog gezellige kleine pensions aan en aan de stranden grote en kleine hotels met alle comfort.
75 km oostelijk

Logies

Hanımeli Pansiyon
Familiepension met tuin, in de buurt van de haven.
12 kamers
Gemiddelde prijsklasse

Museum

Side Müzesi
Het in het voormalige Romeinse badhuis (thermen) ingerichte museum bezit heel mooie antieke beeldhouwwerken.
Dagelijks open, behalve ma

Nuttige informatie

Inlichtingen
Tourist Information
Side Yolu Üzeri (net buiten het dorp richting Manavgat)
Tel. 2 42/7 53 12 65, fax 7 53 26 57
Dagelijks open, behalve zo, verschillende openingsuren, afhankelijk van het seizoen

Termessos ■ D 3

zie Uitstappen, blz. 104

Schepen die nog op traditionele wijze worden gebouwd.

De beroemdste burcht van Turkije ligt niet ver van Fethiye verwijderd. Maar Fethiye is niet alleen daarom een toeristisch centrum.

Fethiye

■ C 4

Ölüdeniz betekent letterlijk 'Dode (of: stille) Zee' en is een door beboste bergen omringde baai met turkooiskleurig water en witte stranden. Fethiye zelf heeft geen badstrand, maar de **Fethiye Körfezi**, de 30 km lange baai ten zuiden van de weg Dalaman-Fethiye, heeft mooie eilanden, baaien en stranden. Bootexcursies zijn daarom een belangrijke attractie ('Twaalfeilandentocht').

De in 1856 en opnieuw in 1957 door aardbevingen verwoeste, daarna weer opgebouwde stad heeft sinds de jaren tachtig een grote bloei gekend. Er is een prachtig park aan zee en onder de schilderachtige huizen op de hellingen van de burchtberg een bazaar- en restaurantwijk. Van de Griekse en Byzantijnse gebouwen van de antieke stad Telmessos is nagenoeg niets bewaard gebleven. Toch is vlak boven het busstation het Lycische verleden aanwezig, met tweeënhalf eeuwen oude rotsgraven. Haar huidige naam heeft de stad pas sinds 1934, naar de piloot Fethi Bey, die in 1913 verongelukte.

In de kuststreken en in de bergen treft u een groot aantal antieke plaatsen aan. Wie geen belangstelling heeft voor oude stenen, graftomben en Griekse theaters, kan genieten van het fantastische berglandschap.

Er is altijd tijd voor een partijtje tavla.

Hotels en ander logies

Ata Parkhotel
Modern en comfortabel hotel dat aan de stadsrand, over het meer, gelegen is (er is echter geen geschikt strand om te baden).
Terras- en dakrestaurant.
U kunt er genieten van een Turks bad en aromatherapie-massage.
Verbouwd in 2000.
2. Karagözler
75 kamers
Hoge prijsklasse

Kemal Hotel
Voordelig stadshotel, met bijbehorend populair visrestaurant, 'Spinnaker' genoemd.
P.T. Tarkasi Kordonboyu Gezi Yolu
20 kamers en 2 suites
Gemiddelde prijsklasse

Letoonia Club en Hotel/Tatil Köyü
Aan een mooie baai op een heuvel gelegen.
Paçarız Burnu
101 hotelkamers, 356 clubkamers, 110 villa's (1502 bedden)
Hoge prijsklasse (met half pension)

Sonnen & Panorama Pansiyon
Kleine kamers. Ten westen van het centrum.
Karagözler Ordu Cad. 6
8 kamers
Lage prijsklasse

Stella Otel
Vriendelijke bediening, gezellig en heel schoon.
Dolgu Sahası (in het noordoostelijke deel van de stad)
12 kamers
Lage prijsklasse

Wandeling

Vanaf het **Atatürk-Park** (met bewaakte parkeerplaats) kunt u via de **Atatürk Caddesi** de toeristische wijk tussen Cumhuriyet Caddesi en Karagözler Yolu verkennen. Als u graag wandelt, loopt u ten westen langs de jachthaven en een kleine scheepswerf naar het beboste schiereiland **Oyuktepe** met het ommuurde terrein van het **Letoonia-vakantiecomplex**. Daarachter ligt de vrije natuur, met kleine zwembaaien die de jachtkapiteins bij voorkeur als ankerplaats uitkiezen.

Bezienswaardigheden

Akropolis
Er zijn maar weinig resten overgebleven van de burcht, die in de 15de eeuw vermoedelijk door de Maltezer ridders op de fundamenten van een nog oudere Byzantijnse burcht werd gebouwd.

Dodenstad
Lycische grafkamers boven de stad, een groot aantal trappen leiden naar het tempelgraf van Amyntas (4de eeuw v.Chr.), met kleinere graftomben in de omgeving.

Museum

Fethiye-museum
Archeologische vondsten en etnografische afdeling.
Ten noorden van de Atatürk Cad.
Dag. open, behalve ma, versch. openingsuren afh. van het seizoen.

Eten en drinken

Restaurant Rafet
Al sinds de jaren '50 is dit een goed adres.
Hier serveert men gerechten uit de Turkse keuken en een aantal heerlijke visspecialiteiten.
Kordon Boyu
Gemiddelde prijsklasse

Ordukan (Meğri) Restaurant
De tafeltjes staan buiten bij een oude, begroeide muur. Het restaurant is aan de rand van de bazaarwijk gelegen.
Turkse keuken.
Hamam Sok. 14
Gemiddelde prijsklasse

Spinnaker Restaurant
Zie Kemal Hotel, p.72

Yacht Restaurant
Dit is een heel genoeglijk restaurant dat vlak bij het water is gelegen, met patio.
Yat Limani, Çarşısı
Hoge prijsklasse

Winkelen

Dinsdags wordt in het oostelijke deel van de stad in de buurt van het sportstadion een **bazaar** gehouden met levensmiddelen en kleding, maar ook met traditionele handwerkproducten, porselein en huishoudelijke apparaten.
Tapijten en kelims worden met voor de dorpen kenmerkende patronen vervaardigd. Bekend werden bijvoorbeeld de trapvormige zigzagornamenten uit Seydiler.

Ölüdeniz bij Fethiye geldt terecht als de mooiste baai van Turkije en een van de mooiste in het hele Middellandse-Zeegebied.

's Avonds

In het centrum zijn veel bars, vaak met buikdansvoorstellingen. Verscheidene disco's aan de jachthaven.

Nuttige informatie

Inlichtingen
Tourist Office/Turizm Danısmaşı
İskele Carşısı
Tel. 2 52/6 12 19 75 en 6 14 15 27 (ook fax)
Dagelijks open, verschillende openingsuren afhankelijk van het seizoen

Sport
Aventura
Paragliding, rafting, scubaduiken
Club Belcehız Beach, Ölüdeniz
Tel. 2 52/6 17 03 34, fax 6 17 03 78

Verkeer
Luchthaven
De dichtstbijzijnde luchthaven is Dalaman, 55 km van Fethiye.

Twaalfeilandentocht
In het seizoen dagelijks, met eten en verblijf op enkele eilanden.

Uitstappen

Göcek ■ C 4

Geen strand, maar wel een kleine haven met visrestaurants en pensions, geschikt vertrekpunt voor boottochten (prijzen als in Fethiye).
40 km noordwestelijk

Günlük/Küçük Kargı ■ C 4

Badstrand met picknick- en kampeermogelijkheden en een klein bos met de zeldzame liquidambar-orientalisbomen. Natuurreservaat.
21 km noordwestelijk

Kaya Köyü (Karmylassos) ■ C 4

Tot 1923 een voornamelijk door Grieken bewoond, sindsdien verlaten dorp: een spookstad, ook te voet vanuit Fethiye te bereiken. Voor het dorp ligt het eiland **Gemile** (ook wel: Aya Nikola) met de ruïnes van een Byzantijnse stad. Japanse archeologen vonden daar in 1992 mozaïeken.
8 km zuidelijk (dolmuş-verbinding)

TIP

Horse Riding Centre In de beboste bergen boven Ölüdeniz heeft Engin Baflaran bij het dorp Ovacık een kleine manege geopend, waar ook beginnelingen individueel met paarden vertrouwd worden gemaakt. Het oefenterrein ligt ver weg van de grote wegen, in een rustige en natuurlijke omgeving. Er is een klein café en in Ovacik logeermogelijkheid. Engin Baflaran, Ovacık Köyü, Fethiye

Ölüdeniz ■ C 4

TOPTEN 1

Alleen vroeg in de ochtend bent u hier alleen in de natuur. Toch heeft het georganiseerde strandleven geen afbreuk kunnen doen aan de schoonheid van deze door beboste rotsen omzoomde zeebaai. Ze is tot beschermd natuurgebied uitgeroepen en nieuwe hotels mogen hier al jaren niet meer gebouwd worden (wel in het naburige **Belcekız**).
Voor toegang tot het noordelijke strand moet een klein bedrag worden betaald. Er zijn ook ligstoelen, parasols en frisdrankjes verkrijgbaar.
Op het zuidelijke strand is er kampeermogelijkheid, een verhuurbedrijf van surfplanken en boten, en mogelijkheid tot parasailing en waterskiën.
15 km zuidelijk (dolmuş van minibusstation Fethiye)

Pınara ■ C 4

TOPTEN 6

De ruïnestad Pınara ligt in een woest, romantisch rotslandschap en is alleen over een hobbelige, kronkelige weg bereikbaar.
Het theater en het met reliëfs versierde 'koningsgraf', maar vooral de 450 m boven de stad oprijzende steile wand met meer dan honderd thans ontoegankelijke grafgrotten, maken een onvergetelijke indruk. Het is onbekend hoe oud deze Lycische, later Griekse stad is.
45 km zuidoostelijk (Minare Köyü)

Saklıkent-cañon ■ C 4

zie Uitstappen, blz. 108

Tlos ■ C 4

Antieke ruïnestad aan een steile berghelling, met Lycische, Griekse, Romeinse en Osmaanse bouwwerken. Graven in huis- en tempelstijl.
40 km oostelijk, bij het dorp Kaleköy

De indrukwekkende rotsdodenstad in Tlos

Twee juweeltjes langs de zuidkust: het stadje Kaş en zijn kleine zusje Kalkan. In de zomer is het er erg druk. U komt hier beter buiten het seizoen naartoe!

Kaş

■ C 4

Ook Kaş, onder een imposante, met maquisstruiken begroeide berghelling gelegen, heeft een antiek verleden. Het was vroeger onder de naam Antiphellos de haven van de landinwaarts gelegen stad Phellos. Vooral hout uit het Taurus-gebergte en sponzen werden geëxporteerd. Men verdiende er kennelijk genoeg mee, want het nu nog gebruikte antieke theater had 25 bankenrijen.
De vissers- en havenplaats van de 20ste eeuw bloeide op door het toerisme, hoewel er in de onmiddellijke nabijheid geen stranden zijn. De baai met het voor de kust gelegen, slechts tien vierkante kilometer grote Griekse eiland **Kastellorizon** (in het Turks **Meis**) is bijzonder mooi en het water is er heel schoon, ook dankzij de recentelijk ontdekte bronnen onder de zeebodem. Kaş betekent in het Nederlands 'wenkbrauw', en het eiland Meis (de meest oostelijke punt van het Griekse grondgebied) heeft de bijbehorende vorm van een oog.
Kalkan heeft mooie, oude huizen en overblijfselen in een landelijke omgeving. Het ligt een half uur westelijker en trekt sinds het begin van de jaren tachtig kunstenaars en intellectuelen uit Istanbul aan. Ondanks de grote hotels die er de laatste jaren zijn gebouwd, is Kalkan nog steeds een heel mooie plaats. Twee andere bijzonder mooie attracties van dit kustlandschap tussen de centra Fethiye en Antalya zijn het strand van **Patara** en het eiland **Kekova**.

Typisch voor Kaş zijn de houten balkons.

Hotels en ander logies

Camping Kaş
In de buurt van het amfitheater gelegen.

Hera Hotel
In 1997 geopend, grootse architectuur. Zwembad, Turks bad, sauna, fitnesscenter, verschillende bars en privé-zeezwembad.
Küçük Çakil Mevkü
46 kamers, verschillende suites
Hoge prijsklasse (half pension)

Likya Hotel
Mooie ligging boven zee, in 1994 nog volledig gerenoveerd, met een duikcentrum (zie Tip, blz. 30). Eigen vervoer vanaf de luchthaven (ongeveer 190 km).
Küçük Çakıl Mevkü
23 kamers
Gemiddelde prijsklasse

Nur Pansiyon
Vriendelijke bediening; een met groen bedekt terras.
Küçük Çakıl Mah
40 kamers
Lage prijsklasse

Wandeling

Hoewel Kaş zo klein is dat niemand verdwaalt, heeft het toch een groot plein met een monument van Atatürk en een haven met veel toeristenboten en jachten. Vanaf dit grote plein, het **Cumhuriyet Meydanı**, slaat u rechts af bij het toeristeninformatiebureau en loopt u de **Uzunçarşı Caddesi** in. Daar ziet u huizen met typische houten balkons en aan het einde van de straat een grote Lycische sarcofaag. Daar bevindt zich ook een groot aantal lederwaren-, juweliers- en allerlei souvernirwinkels. Pas wanneer u een eind verder naar het noorden evenwijdig met de Uzunçarşı Caddesi terugwandelt, komt u op het **marktplein**, waar niet alleen groente en fruit wordt verkocht, maar waar ook gewone winkels zijn. Vandaar bent u weer gauw bij het Cumhuriyet Meydanı. De stranden **Büyükçakıl** en **Küçükçakıl** liggen ten zuidoosten van het centrum.

Bezienswaardigheden

Blauwe Grot
Een van de boeiendste van de vele zeegrotten aan de zuidkust, met mooie lichteffecten.
Aan de kust in westelijke richting (zie Kaputaş-strand, blz. 82)

Rotsgraven en sarcofagen
In de rotswand ten noorden van de stad zijn grafkamers uitgehouwen, die deels gemakkelijk toegankelijk zijn, een ervan met Lycische en Latijnse inscriptie. De zogeheten **Dorische tombe** met een reliëfrand van dansende figuren in de grafkamer bevindt zich ten noordoosten van het theater. De mooiste Lycische sarcofaag staat op een verhoging aan de hoogstgelegen zijde van de Uzunçarşı Caddesi.

Theater
In de 1ste eeuw n.Chr. gebouwd, in de 3de eeuw uitgebreid, boven een steunmuur van onregelmatig bewerkte blokken. Aan de westelijke rand van de stad gelegen, boven de zee.

Eten en drinken

Eriş Restaurant
Gelegen op een mooi plekje in de oude stad, met een terras vol wingerdloof. Al sinds 1955 restaurant.

Uzunçarşi Orta Sokak 13
Gemiddelde prijsklasse

Restaurant Mercan
Voor sfeer wordt gezorgd: de waard met zijn grote koksmuts dirigeert, het lam wordt aan het spit gebraden.
Aan de jachthaven.
Cumhuriyet Meydanı
Gemiddelde prijsklasse

Winkelen

Magic Orient
Hier kunt u prachtige tapijten en kelims kopen.
Hükümet Cad. (de eerste straat voorbij het toeristenbureau)

's Avonds

Full Moon Disco
2 km buiten de stad, Kalkan Yolu Üzeri

Nuttige informatie

Inlichtingen
Tourist Information/Turizm Danışması
Cumhuriyet Meydanı 5
Tel. 2 42/8 36 12 38,
fax 8 36 16 95

Reisbureau
Koçlar Turism, Yasin Koç
Cumhuriyet Meydanı
Tel. 2 42/8 36 36 90 en 8 36 37 43, fax 8 36 36 91

Verkeer
Luchthaventransfer
Naar Dalaman met de bus ongeveer 3 uur, met de taxi 2 uur.
Overtocht naar het eiland Meis/Kastellorizon

Uitstappen

Demre (Kale en Myra) ■ D 4

Bij de moderne provinciestad Demre met haar uitgestrekte groentetuinen onder grote stukken plastic, ligt het antieke Myra, beroemd door de bisschop Nicolaas, die er in de 4de eeuw leefde. De voor hem gebouwde basiliek werd verscheidene keren gerestaureerd. Bisschop Nicolaas van Myra werd het voorbeeld van de wereldwijd populaire Sint-Nicolaas of Santa Claus. Er zijn ook een groot Grieks theater en rotsgraven.
37 km oostelijk

Kalkan ■ C 4

Boomgaarden op de berghellingen boven het dorp, steile straatjes met witte huizen en uitzicht op rotsachtige berghellingen aan beide zijden van de zeebaai.
27 km westelijk

Hotels en ander logies

Hier vindt u vooral veel gezellige kleine pensions met daktuinen. Ten oosten van het dorp bevindt zich het grote complex **Deluxe Patara Prince Resort**.
Van november tot april zijn de meeste hotels en pensions wel gesloten.

Balıkcı Han
Met dakterras en antieke voorwerpen.
Yalı Boyu Mah.
10 kamers, 7 kleine appartementen
Gemiddelde prijsklasse

Akin Pansiyon
Familiepension met een goed restaurant.
12 kamers
Lage prijsklasse

De basiliek van de heilige Nicolaas in Myra

Hotel Pırat
Wie meer comfort wil, vindt dat in dit postmodern ingerichte hotel boven de haven.
Kalkan Marinası
124 kamers, sommige met airconditioning
Hoge prijsklasse (buiten het seizoen lagere prijzen)

Eten en drinken

Aan de jachthaven bevinden zich verscheidenen restaurants. Vanop de terrassen boven de haven heeft u een prachtig uitzicht.

Belgin's Kitchen
Stijlvol Oosters.
Yalı Boyu 1
Gemiddelde prijsklasse

Winkelen

Kalkan heeft uitzonderlijk veel zilversmeden, bijvoorbeeld:
Halit Ada – Just Silver
Yalıboyu Mah. 28
(een eindje verder in deze straat hebben zij een tweede winkel)

Nuttige informatie

Inlichtingen
Stadhuis Kalkan
Tel. 2 42/8 44 31 31

Kaputaş-strand ■ C 4

Bij de uitgang van een smalle cañon, vlak bij de hoofdweg aan de voet van de berghelling, ligt een klein, heel mooi strand (via een trap bereikbaar). Nog wat verder naar het oosten ligt de 'Blauwe Grot', die alleen per boot of zwemmend bereikbaar is (heel steile afdaling).
22 km westelijk

Kekova ■ D 4

zie Uitstappen, blz. 103 en Tip, blz. 23

Patara ■ C 4

Door een klein rivierdal met Grieks-Romeinse ruïnes, die deels onder zandduinen zijn verdwenen, komt u bij het mooiste strand van Turkije: breed, fijn zand, kilometers lang en – dankzij het feit dat het tijdig tot beschermd natuurgebied werd uitgeroepen – zonder hotels (die staan verder landinwaarts in het dal).
Archeologisch terrein (ook de directe toegang tot het strand): Dag. open, versch. openingsuren afhankelijk van het seizoen.
43 km westelijk

Hotel

Hotel Merhaba
Aan de bosrand met joggingpad en wijd uitzicht. Uitstekende keuken, de eigenaar kookt hier zelf.
PB. 23 Kaş/Patara
14 kamers
Gemiddelde prijsklasse

Xanthos ■ C 4

Ruïnes van een Romeinse stad, waarin zich nog Lycische graven bevinden evenals vroegchristelijke overblijfselen van een basiliek.
Zeer interessant is het zogenaamde 'Harpyiengraf' en de obelisk met het langste Lycische opschrift.
Meertalige bordjes verklaren wat u ziet.
Ook boottochtjes op de Xanthos zijn mogelijk (Esen Cay): de boten vertrekken aan de kust bij Patara, onder de ruïnestad en de brug over de weg.
42 km noordwestelijk, bij Kınık

Het Köyceğiz-meer is zo bekoorlijk wegens de stilte. Bij het schildpaddenstrand van Dalyan en bij de andere stranden kunt u in zee zwemmen.

Köyceğiz

■ B 3

Door de zeeschildpadden hebben **Dalyan** en het aangrenzende **Köyceğiz** de wereldpers gehaald. Toen in het broedgebied van de schildpadden op het İztuzustrand met de bouw van een groot hotel werd begonnen, reageerden de milieubeschermers heftig – en met succes.
Dalyan werd het symbool van de hoop van de Turkse 'red-de-schildpadden-campagne', hoewel de eis om het strand ontoegankelijk te maken voor zwemmers niet werd ingewilligd. Het zeer gevoelige ecologische systeem van het zoetwatermeer van Köyceğiz, dat via een natuurlijk kanaal met de zee verbonden is, moet ook behouden blijven. De grote toeristische ontwikkelingsprojecten worden nu verder naar het westen en oosten uitgevoerd: de baai van **Ekincik** en **Sarıgerme**.
Köyceğiz zelf, een kleine provinciestad aan het 65 km^2 grote meer, aan de westelijke rand van het antieke Kariё, geniet nog steeds de voorkeur wegens de paradijselijke rust. De kwaliteit van het water van het **Köyceğiz-meer** wordt steeds beter door het bij elke vloed binnenstromende zeewater en door minerale bronnen die zich onder het meer bevinden. Volgens de lovende woorden van zwemmers voelt het water aan 'als zijde'.

Zonsondergang aan het Köyceğiz-meer

Hotels en ander logies

Delta Camping
Deze uitstekende camping ligt midden in een park met bomen aan het meer, ernaast ligt een klein restaurant.
De camping wordt goed geleid en het is er rustig vertoeven.
Er zijn ook winterplaatsen beschikbaar.
Aan de westelijke rand van de stad gelegen.

Hotel Kaunos
Gunstige ligging aan de rand van de stad, aan de oever van het meer met tuinen, een zwembad en een bar.
Het hotel is het hele jaar door geopend.
Cengiz Topel Cad. 37
40 kamers
Gemiddelde prijsklasse

Hotel Panorama Plaza
Nieuw, heel comfortabel hotel dat vlak bij de meerpromenade is gelegen.
Het hotel heeft een mooi zwembad en ook een centrum voor watersporten.
Ulucami Mah. Cengiz Topel Cad. 69
Hoge prijsklasse

Wandeling

De oostelijke oever van het meer, deels met riet begroeid, deels met open badstranden, is over grote afstanden door een weg ontsloten. U kunt ook fietsen huren en ten noorden van Köyceğiz naar de sinaasappelplantages van **Topalar** fietsen of nog een eind verder, waar bij een waterval en picknickplaatsen een arboretum (bomentuin) wordt aangelegd. Het beboste **Ağla-plateau** (800m hoog), 13 km noordwaarts, wordt steeds populairder als wandelgebied.

Bezienswaardigheid

Amberbomen
Ze groeien nog maar op enkele plaatsen aan de zuidkust: amberbomen, waarvan de hars in de farmaceutische en parfumindustrie wordt gebruikt.

Winkelen

Elke maandag is er een weekmarkt.

Eten en drinken

Verscheidene eenvoudige restaurants vlak bij het meer ten oosten van het grote plein.

Çiçak Restaurant
Eenvoudige snackbar aan het autovrije grote plein, de tafeltjes staan buiten.
Fevzipaşa Cad.
Lage prijsklasse

Ülkü Bar/Songül Restaurant
Schaduwrijke pergola, met uitzicht op het meer en stijlvolle inrichting.
Cengiz Topel Cad.
Lage prijsklasse

's Avonds

Langs de meerpromenade verscheidene cafés en disco's.

Nuttige informatie

Inlichtingen
Tourist Office/Turizm Danışmaşı
Kordon Gölparkı
Tel. 2 52/2 62 47 03
Ma-vr open, in de zomer ook za en zo open

De rotsgraven van Kaunos kunnen het beste vanaf de boot bekeken worden.

Boottochten
U kunt deelnemen aan dagtochten met een grote boot of u kunt een privé-boot (tot ongeveer 10 personen) huren.

Uitstappen

Dalyan ■ B 3

Het vissersdorp tussen het Köyceğiz-meer en de open zee verheugt zich sinds de reddingsoperatie van de broedplaatsen van de schildpadden langs het 7 km lange **İztuzu-strand** in een grote belangstelling van de toeristen. Met de boot kunt u naar Kaunos varen, een tocht maken over het meer van Köyceğiz of naar het strand varen. Een aangenaam hotel met bungalows is het **Asur Oteli.**
Hoge prijsklasse

Ekincik ■ B 3

Een nog stille baai die voor de beboste bergen ligt, pas sinds kort bereikbaar over een geasfalteerde weg.
Met zandstrand, enkele velden, een camping en het hotel **Ekincik** in Turkse bouwstijl.

Kaunos ■ B 3

Een akropolis boven een verpauperde haven, een stad waarvan het theater, de marktstraten en de overblijfselen van de stadsmuren (deels nog uit de 4de eeuw v.Chr.) het beste bewaard zijn gebleven. In de aangrenzende rotswanden zijn verscheidene grote rotsgraven. Dit sfeervolle ruïnedorp is zeker een bezoek waard, afgezien van het drukke verkeer.

Sarıgerme ■ B 4

De schitterende stranden maken het 30 km ten zuiden van Köyceğiz gelegen **Osmaniye** erg mooi.

Hotel

Magic Life
TOPTEN 4
Ingebed in een met bomen begroeide baai met een lang strand, hotelpark met zwembad, vier tennisbanen, openluchttheater, disco en duikschool. Alle prijzen zijn 'inclusief'.
Sarıgerme – Muğla/Ortaca
172 hotelkamers, 3 suites en 100 kamers in bungalows
Luxeklasse

TIP

Te midden van bossen en water vindt u maar zelden zo'n ideale plaats voor een hapje en een drankje als het jachtrestaurant **My Marina**. De waard heeft niet alleen een goede architect met gevoel voor proporties gehad, maar hij stelt voor zijn gasten ook een hele collectie schilderachtige voorwerpen tentoon. Hoge prijsklasse
■ B 3

Een aantrekkelijke plaats voor iedereen die houdt van toeristische gezelligheid! Marmaris heeft een schitterende baai en een achterland met veel groen.

Marmaris

■ B 3

Ook admiraal Nelson ging in de baai van Marmaris met zijn vloot voor anker. Als een immens grote, blauwe klok ligt ze ingebed in een krans van groene heuvels en bergen. Aan de onderzijde van de klok liggen twee eilanden in de blauwe zee: het 'Geiteneiland' **(Keçi Adası)** en het 'Paradijseiland' **(Cennet Adası)**. In deze stad, die in de jaren tachtig over het hele westelijke gedeelte van de baai werd uitgebreid, zijn de mooiste stranden voor de hotelgasten gereserveerd. De vroegere vissersdorpen **İcmeler** en **Turunç** zijn inmiddels echte hotelsteden geworden en **Çiftlik** en **Kumlubük** volgen. Op schiereilanden en eilanden zijn nog ontelbare plaatsen waar u kunt zwemmen en picknicken. Er worden excursies georganiseerd naar **Knidos** – beroemd om zijn helaas verdwenen Afrodite van Praxiteles – en naar **Rhodos**. Marmaris ligt aan de grens met de Turkse westkust. De ver in de Egeïsche Zee gelegen arm van het schiereiland Datça vormt de grens.

Boten in de haven van Marmaris

Hotels en ander logies

Op sommige plaatsen staan drie of vier rijen hotels achter elkaar langs de stranden, meestal met zwembad en alle andere comfort.
Indien u liever een iets uitgebreider uitzicht hebt, dan hebt u zowel binnen als buiten Marmaris voldoende mogelijkheden om een geschikt onderkomen te vinden.

Begonya Hotel
Klein, landelijk hotel op enige afstand van het strand gelegen, met een gezellige patio.
Kısayalı, Hacı Mustafa Sok. 71
10 kamers
Gemiddelde prijsklasse

Hotel Karadeniz
Dit hotel beschikt over een mooi, schaduwrijk terras-restaurant, vanwaar u een mooi uitzicht op zee hebt.
Atatürk Cad. 68
48 kamers
Gemiddelde prijsklasse

Lydia Hotel
Chic en traditioneel hotel met een redelijk prijsniveau, een schitterende palmentuin en met een privéstrand.
Siteler Mak., Uzunyala Mevkü
333 kamers, 4 suites
Hoge prijsklasse

Munumar Vista Hotel
Vlak bij de zee gelegen hotel, met een uitstekende keuken en vijfsterrencomfort voor een viersterrenprijs.
Içmeler
150 kamers
Hoge prijsklasse (met half pension)

Robinson Club Maris
'Paradijselijk' is niet te veel gezegd: de in 1993 geopende Robinson Club ligt te midden van een van de mooiste baailandschappen met bergkammen, rostkustgebieden en beboste bergen. Veel sportactiviteiten.
Circa 30 km ten westen van Marmaris (dolmuş).
P.O. Box 119, Hisarönü Muğla
Alleen all in-reservering mogelijk

Villa Florya
Aan een 3 km lang strand gelegen. Op het einde van het strand bevindt zich ook nog een gourmet-yachtclub en -restaurant.
Aan de voet van het hotel ligt nog een eenvoudig tuinrestaurant.
Kumlübük, 20 km zuidelijk
14 kamers
Hoge prijsklasse

Wandeling

De met palmen omzoomde promenade is een van de mooiste van het hele land. Van de **Atatürk Cad.** (met autoverkeer) via de **Kordon Cad.** naar het centrum van de oude binnenstad duurt toch al gauw een halve middag. U heeft de keuze om over het terrein van de nieuwe **jachthaven** of door de bazaarstraatjes naar de **burcht** te wandelen. Wat na de wandeling, zowel overdag als 's avonds, heel gezellig is, is een bezoek aan de leuke Panorama-Bar met dakterras op de stadsheuvel.

Bezienswaardigheid

Burcht/Marmaris Kalesi
De vesting, die reeds in de Middeleeuwen werd gebouwd, werd uitgebreid tijdens de Turkse verovering van het eiland Rhodos (1522) door Süleyman I. In de burcht is tegenwoordig het **Marmaris-museum** ondergebracht.

Museum

Marmaris-museum
Kleine, archeologische en etnografische collectie.
In de burcht
Dagelijks open, behalve ma

Eten en drinken

Ayyildiz
Goed kebabrestaurant dat zich vlak bij de nieuwe moskee in de bazaar bevindt.
Gözpinar 39, Sok. 9
Lage prijsklasse

La Campana
Italiaanse gerechten, ook met Italiaanse operamuziek op de achtergrond.
Netsel Marina B1 Blok
Hoge prijsklasse

Fellini Restaurant
Een zeer gezellige gelegenheid met Italiaanse sfeer.
Aan de jachthaven
Hoge prijsklasse

Keyif
Café-bar-restaurant in de jachthaven gelegen.
Netsel Marina Çarşisi C-01
Marmaris

Winkelen

De bazaar in de oude binnenstad – deels onder bomen en grote zonneschermen – biedt een groot assortiment traditionele souvenirs: lederen kleding en tassen, tapijten, gouden sieraden, keramiek. Een specialiteit van Marmaris is honing. De duurste toeristenwinkels zijn thans in de nieuwe Netsel-jachthaven gevestigd (bijvoorbeeld keramiek, dames- en herenmode, enz.).

's Avonds

Veel grote hotels zoals bijvoorbeeld het **Samara**, **Aqua**, **Grand Azur**, **Karia Princess** en nog enkele andere vijfsterrenhotels alsook enkele vakantiedorpen beschikken over een eigen disco.

Panorama Café Bar
Een bar met een mooie ligging en een prachtig uitzicht naar alle kanten, zonder disco.

Disco 5 Maxim
Grote danszaal.
Atatürk Cad.

Disco Musictemple
Met piano-clubbar en Slot Casino kunt u hier feesten tot vroeg in de ochtend.
In hotel **Lydia** (zie Hotels, blz. 88).

Nuttige informatie

Inlichtingen
Turizm Danışması/Information
İskele Meydanı 2
Marmaris
Tel. 2 52/4 12 10 35, fax 4 12 72 77
Dagelijks open, verschillende openingsuren afhankelijk van het seizoen

Veerbootverbindingen
Marmaris-Rhodos: in de zomer dagelijks behalve op zondag (ook op zondag bij voldoende passagiers). Duur van de overtocht: ongeveer 2 1/2 uur. De draagvleu-

gelboot 'Hydrafoil' is sneller, maar ook duurder.

Vliegverbindingen
Vliegveld in Kızılkaya, ongeveer een half uur met de auto van Marmaris verwijderd. De dichtstbijzijnde luchthaven is die van Dalaman, met aansluiting op de bus (circa 110 km).

Jeep-Tours
Koral Tour
Georganiseerde dagtochten
Kemal Elgin Bulvarı 35/4
Tel. 2 52/4 12 99 48, fax 4 12 98 31

Yachtcharter
Een dozijn agentschappen biedt u jachten van verschillende groottes en prijsklassen aan, bijvoorbeeld:
Setur Yat
Barbaros Cad. 231

Uitstappen

Datça/Knidos ■ A 4

Ten zuidwesten van Marmaris ligt op een smal, dunbevolkt schiereiland de kleine vissersplaats **Datça**. Vanuit Datça vertrekken 's morgens en 's middags boten naar de antieke havenstad Knidos, die door de Afrodite van Praxiteles beroemd werd.
Als u de middagboot wilt halen, moet u rekening houden met een overnachting in Datça. De boottocht wordt meestal onderbroken om een maaltijd te gebruiken en eventjes te zwemmen.
In **Knidos** kunnen de tempels van Afrodite en Demeter en twee theaters worden bezichtigd. Een fantastisch uitzicht op de zee, het schiereiland en de eilanden.
80 km zuidwestelijk (tot Datça)

Museum

Museum Anatolia
Particulier museum, de eigenaar M. Sait Kaya geeft uitvoerig uitleg bij de folkloristische voorwerpen. In zijn tapijtwinkel aan de İskele Cad. 5 A kunt u informeren!

Hisarönü ■ B 4

De overblijfselen van een Ionische tempel van de heilgodin Hemithea van Kastabos liggen op de heuvel Pazarlik ten zuiden van deze kleine plaats. Mooie baai met badstrand en camping.
Nog verder naar het zuiden ligt het dorp **Bozburun**, waar Turkse houten zeilschepen gebouwd worden. Voor een bezoek aan antieke plaatsen (bijvoorbeeld **Erine, Hydas**) en stranden van het schiereiland ten zuiden van Marmaris neemt u het beste een jeep.

Hotel

Hotel Club Golden Key
Exclusief vakantiecomplex met bungalows in traditionele bouwstijl, voor 60 gasten. 22 km van Marmaris verwijderd, het hele jaar open.
Keytour Turizm ve Tic.A.S.
Hisarönü
1 apr-30 okt. half pension
Luxeklasse

Turunç ■ B 4

Ten zuiden van Marmaris is via steile wegen het voormalige vissersdorp Turunç te bereiken.
In het seizoen ieder uur een bootdolmuşverbinding.

Een geschiedenisrijke stad: Antonius schonk Cilicië aan Cleopatra, de apostel Paulus trok door deze plaats, en in 1190 verdronk hier keizer Barbarossa.

Silifke

■ H 4

Dit indrukwekkende berglandschap wordt het 'ruige Cilicië' genoemd. Het is rijk aan druipsteengrotten en cañons, aan Grieks-Romeinse vindplaatsen, middeleeuwse kastelen en – wat niet zo bekend is – ook aan overblijfselen van het vroege christendom. Het huidige Silifke, een middelgrote stad (80.000 inwoners) aan de oevers van de rivier de Göksu , staat op economisch gebied in de schaduw van het veel jongere Mersin. U kunt zwemmen aan de stranden van **Taşucu** en verder naar het oosten in het mooie landschap rondom **Kızkalesi** ('Meisjesburcht'). De zandstranden strekken zich nog vele kilometers uit tot **Mersin**, maar de strook tussen de zee en de weg is grotendeels volgebouwd.

Silifke, dat destijds Seleucia heette, werd omstreeks 290 v.Chr. gesticht door de Macedonische generaal Seleucus, de eerste vorst in de machtige dynastie van de Seleuciden. Later heersten er de Romeinse keizers, Armeense koningen, kruisridders, Byzantijnen, Seldjoeken en Osmanen. De meest indrukwekkende overblijfselen van het Romeinse imperium vormen de tempel van **Olba-Diocaesarea**, die u via een mooie tocht door het verlaten berglandschap kunt bereiken. Nog afgelegener ligt het klooster **Alahan** – een ware ontdekking!

Oosterse sfeer op de markt in Taşucu

Hotels en ander logies

Altınorfoz Bananaı
Vakantiecomplex dat aan een eigen baai gelegen is en bovendien beschikt over een zwembad, airconditioning, een bar en een discotheek.
Atakent Susanoğlu – Silifke
112 kamers
Hoge prijsklasse

Hotel Ayatekla
Het recentste hotel van Silifke, met airconditioning, satelliet-tv, bar en disco. Centraal gelegen.
Vlak bij het busstation
24 kamers, 1 suite
Gemiddelde prijsklasse

Göksu Hotel
Centraal gelegen hotel.
Bij het hotel hoort een mooi restaurant met een terras over de rivier Göksu.
Göksu Mahallesi, Atatürk Cad. 8
Hoge prijsklasse

Wandeling

Vanaf het Tourist Office komt u via de voormalige Romeinse **Göksu-brug** in de oude stadswijken ten zuiden van de rivier. In de richting van de **İnönü Caddesi** bevinden zich veel bazaars. Deze – en niet de bezienswaardigheden – vormen de grootste attractie van Silifke, maar u kunt natuurlijk ook een bezoek

De kleine zwembaaien bij Silifke zijn soms moeilijk bereikbaar.

brengen aan het Atatürk-huis, het **Atatürk Evi.** Atatürk was de grondlegger van de moderne Turkse staat.
Als u naar de **burcht** of naar het **museum** wilt, kunt u beter een taxi nemen.

Bezienswaardigheid

Burcht/Silifke Kalesi
De imposante muurring met 23 torens omsluit een grote puinhoop, waarin nog ruïnes van het paleis en een moskee te zien zijn. De op Byzantijnse fundamenten gebouwde en voor het laatst in de 13de eeuw uitgebreide burcht moest de weg naar Konya beveiligen. Grandioos uitzicht. Goed te zien zijn ook de bewaard gebleven Byzantijnse onderaardse regenputten ten zuiden van de rivier de Göksu. Er is ook een restaurant.

Musea

Silifke-museum
De belangrijkste objecten in dit museum zijn het heel mooie antieke glaswerk, de schitterende gouden sieraden en de pas in 1980 ontdekte munten van Meydancıkkale bij Gülnar.
Over het algemeen biedt dit museum de bezoekers een opmerkelijk goede presentatie.
Dagelijks open, behalve ma

Eten en drinken

Restaurant Babaoğlu
In dit restaurant heerst een gezellige sfeer.
Tegenover het busstation
Zo gesloten
Lage prijsklasse

Restaurant Piknik
In het centrum van de stad, grote zaal op de bovenste verdieping, kristallen kandelaars en kanten gordijnen benadrukken de smaakvolle inrichting. Soms muziek en dans.
İnönü Cad. 58
Gemiddelde prijsklasse

Winkelen

Elke vrijdag wordt in de straten ten noorden van het Tourist Office een **bazaar** in de openlucht gehouden. Kleinere markten vinden ook op andere weekdagen plaats. Silifke is rijk aan hazelnoten, sinaasappels, bananen en aardbeien.

's Avonds

In de hotels en bars langs de kust van Taşucu en Atakent is het elke avond druk. In Silifke zelf is het meestal wat rustiger.

Nuttige informatie

Inlichtingen
Information Office – Silifke Turizm
Danişması Müdürlüğü
Veli Gürten Bozbey Cad. 6
Tel. 3 24/7 14 11 51,
fax 7 14 53 28
ma - vr open

Verkeer
Bus
Enkele keren per uur vertrekt een bus naar Mersin (84 km); ook goede verbindingen met Konya, Anamur en Antalya.

Luchthaven
De dichtstbijzijnde luchthaven is Adana (150 km van Silifke).
Haven
Veerboten van Taşucu naar Girne (Cyprus). De snelste verbinding: Hovercraft-Express, circa 2 uur en 15 min.

Uitstappen

Akkum ■ H 4

Kleine badplaats rondom een zwembaai, met veel pensions, bijvoorbeeld het pension **Kökler** in Akkum/Narlıkuyu (12 kamers, lage prijsklasse).
24 km noordoostelijk

Klooster van Alahan ■ G 3

TOPTEN 8

Na de steile bochten van een nieuw aangelegde weg in het rots- en boslandschap heeft u een fantastisch uitzicht vanaf een bergterras. Daar ontstonden behalve heel oude woongrotten vroegbyzantijnse kerken, waarvan kortgeleden de nog indrukwekkende ruïnes werden gevonden (doopkapel, kerk van de Evangelisten, oosters-orthodoxe kerk, gedeeltelijk uit de 5de eeuw). Een gemetselde doopvont in kruisvorm, engelen en vissymbolen zijn bewaard gebleven.
95 km noordelijk

Ayatekla/ Meryemlik ■ H 4

Bij de verwoeste dodensteden van de antieke stad Seleucia aan de Kalykadnos, ten zuiden van Silifke, staan overblijfselen van een Byzantijnse basiliek en een onderaardse regenput uit de 5de en 6de eeuw. Vooral de aangrenzende grot van de heilige Thekla is een bezoek waard. Volgens de overlevering heeft hier de volgelinge van de apostel Paulus de laatste jaren van haar leven doorgebracht. U ziet uit de rots gehouwen ronde bogen en een altaar – vermoedelijk kwamen daar vroeger de christelijke gelovigen bijeen.
5 km westelijk

Barbarossa-gedenkplaats

zie Tip, blz. 98

Cennet ve Cehennem ■ H 4

Rondom de beide rotsdalen in het bergachtige kustlandschap, waarvan de naam 'Hemel en Hel' betekent, staan 'wensbomen' vol linten en briefjes. Deze plaats heeft iets magisch. Terwijl het smallere 'Helle'-dal met zijn steile wanden ontoegankelijk is, kunt u over bijna 500 trappen in de begroeide 'Hemel' afdalen en op de bodem van het dal een druipsteengrot binnengaan. Volgens de legende zou op de achtergrond de dodenrivier Styx kabbelen. Bij de ingang van de grot staat de ruïne van een christelijke kapel (uit de 12de eeuw).
Aangrenzend in noordelijke richting bevindt zich een bergterras met een wijd uitzicht en nog een andere, 200 m lange druipsteengrot, de **Astım Mağarası**.
22 km noordoostelijk

Göksu-delta ■ H 4

Het delta-landschap wordt grotendeels als landbouwgrond gebruikt, rondom twee grote lagunes ligt echter ook een van de belangrijkste beschermde vogelgebieden langs

de Turkse Middellandse-Zeekust. Bereikbaar over veldwegen.
8 km zuidelijk

Kızkalesi/Korykos ■ H 4

Reeds in de Oudheid en ook in de Middeleeuwen was Korykos een belangrijke haven.
Om de imposante landburcht Korykos werd hevig gevochten door heersers uit Byzantium en Klein-Armenië. In 1488 werd de zeeburcht door de Toerkmeense Karamanidenvorst İbrahim Bey uitgebreid.
Door de goede stranden en de schilderachtige burcht is **Kızkalesi** een drukbezochte badplaats. Landinwaarts vindt u ruïnes van de antieke stad.
In een kloof 7 km noordelijk zijn antieke rotsreliëfs met afbeeldingen van 17 mannen en vrouwen bewaard gebleven. Deze, **Adamkayalar** genoemde, plaats is zonder gids nauwelijks te vinden.
27 km noordoostelijk

Mersin/içel ■ I 3/I 4

De opbloei van deze stad, die thans een half miljoen inwoners telt, begon in 1840, toen tijdens de kortstondige Egyptische bezetting van Cilicië de haven Mersin werd aangelegd. Die kwam in de plaats van de steeds weer droogvallende haven van Tarsus. Boven de drukte van de oude binnenstad begint zich thans een skyline van luxehotels en kantoorgebouwen af te tekenen.
Ten westen van de haven werd het **Atatürk-park** aan de İsmet Inönü Bulvarı aangelegd. Aan de andere kant van de haven bevinden zich – van het westen naar het oosten – het museum, het indrukwekkende gedenkteken van de democratie uit 1992, een grote, moderne moskee en het hoofdpostkantoor alsook, helemaal aan het einde van het park bij de toegang tot de haven, het Tourist Office. 14 km westelijk zijn als belangrijkste overblijfselen van **Pompeiopolis** (tegenwoordig Viranşehir = stad in ruïnes) circa 30

Voor Korykos ligt de legendarische eilandvesting Kızkalesi, 'Meisjesburcht'.

In dit woeste rivierlandschap vond keizer Barbarossa de dood.

zuilen van een antieke boulevard bewaard gebleven.
87 km noordoostelijk

Museum

Het interessantste gedeelte van de collectie vormden de opgravingen van omstreeks 1940 bij Yümüktepe, 3 km noordwestelijk van Mersin: een 'Cilicisch Troje' met 33 lagen van nederzettingen.
Ma - za open

Narlıkuyu ■ H 4

Rondom het beroemde mozaïek van de drie Gratiën, dat vroeger een Romeins badhuis sierde, werd een van de kleinste musea in Turkije gebouwd (Dagelijks open, behalve ma). Rondom de mooie, kleine baai vestigde zich het ene visrestaurant naast het andere. Langs de rotsachtige kust kunt u zwemmen en sinds kort kunt u ook in een hotel met drie verdiepingen boven deze idylle logeren.
20 km noordoostelijk

Olba/Diokaisareia (Ura/Uzuncaburç) ■ H 4

De beide antieke zustersteden liggen 1200 m hoog te midden van een schitterend berglandschap, ongeveer 4 km van elkaar verwijderd. Talrijke Corinthische zuilen van de tempel van Zeus, zuilen van de tempel van Tyche, het theater en de stadspoort van Diocaesarea staan er nog. In Olba bevinden zich rotsgraven en de overblijfselen van een aquaduct en een mooie bron (nymfaeum).
30 km noordelijk

Taşucu ■ H 4

Deze havenplaats voor het scheepvaartverkeer naar Noord-Cyprus is tevens een badplaats en ligt ten westen van het moerasland rondom de Göksu-delta, die behalve landbouwgrond ook duinen en lagunes met bedreigde biotopen omvat. Bij het nabijgelegen **Boğsak** ligt een mooie zwembaai.
11 km westelijk

TIP

Barbarossa-gedenkplaats Het schitterende cañonrivierlandschap van de Göksu strekt zich ten noordwesten van Silifke uit. Groen en koel tussen grindachtige oevers stroomt het water ook in de zomer onder de steile boshellingen door. Een eenvoudige metalen gedenkplaat bovenaan de weg naar Konya herinnert aan de volgende gebeurtenis: op 10 juni 1190 verdronk hier de Romeins-Duitse keizer Frederik Barbarossa. Het doel van de derde kruistocht, de herovering van Jeruzalem, werd niet meer bereikt. U kunt naar de rivier afdalen of 3 km doorrijden naar het **Frederik-Barbarossa-Restaurant** met een mooi uitzicht.
10 km noordwestelijk. ■ H 4

De zuidkust biedt ook veel aanlokkelijke mogelijkheden om vanuit uw vakantieverblijf een bezoek te brengen aan de antieke cultuurcentra.

Met de volgende zes voorstellen adviseren wij u tochten, die u in een dag kunt volmaken als uw vakantieadres aan de kust niet verder dan 100 km verwijderd ligt. Met de auto moet u gemiddeld een uur reistijd voor 50 km rekenen: de wegen zijn vaak bochtig en de straten door de steden en dorpen zijn smal. Een aantal van deze bestemmingen zijn ook met de bus of de dolmuş bereikbaar, maar om niet afhankelijk te zijn van de dienstregeling, loont het de moeite om voor een dag een auto te huren. Meestal is er op uw route of via een korte omweg nog meer te ontdekken. Stevige schoenen zijn niet alleen raadzaam in het 'ruige Cilicië', maar voor alle genoemde tochten. Voor een drankje en een hapje kunt u bijna overal terecht, alleen naar het **St.-Simeon-Stilitis-klooster**, dat zeer afgelegen bij Antakya ligt, en naar de bergstad **Termessos** met haar ruïnes, moet u op warme dagen drinken meenemen.

In het achterland van Antalya ligt een boeiend berglandschap.

Naar het St.-Simeon-Stilitisklooster bij Antakya

Op een winderige, verlaten heuvel herinnert een kloosterruïne aan een merkwaardige heilige. Het uitzicht op de zee en de bergen is grandioos! Voor deze excursie naar het kustgebergte ten zuiden van Antakya, enkele kilometers voor de grens met Syrië, moet u een deugdelijke auto hebben of bereid zijn de laatste een of twee kilometer op deze boomloze berg te voet af te leggen.

Maar eerst gaat u na een klein eindje over de weg van Antakya naar Samandağ linksaf door het dal van de **Karaçay** naar Aknehir Köyü (een klein bordje: 'St. Simon Stilitis Monastry'). Het landschap bloeit in mediterrane schoonheid, met rijke sinaasappelplantages, vijgenbomen en cipressen, en u ziet er vrouwen in pofbroeken en mannen op muilezels. De wegen bergopwaarts worden steeds smaller en het uitzicht steeds wijder.

In de met maquisstruiken begroeide bergen komt u alleen herders tegen en kijkt u vanaf de bochtige weg tevergeefs of u het klooster al ziet liggen. In plaats daarvan doemt een witte koepel op, een pelgrimsoord voor moslims, met een kleine herberg, die echter meestal onbewoond is. De koepel is boven een marmeren sarcofaag gebouwd, bij het jaartal 1986 staat de naam Mehmet Oğlu Sefik Kara. Voor de ingang hebben pelgrims aan een kleine wensboom linten en strikjes bevestigd. Niet opgeven, maar doorrijden naar de volgende heuvel. Omdat het laatste stuk van de weg niet geasfalteerd is, kunt u daar de auto ook laten staan.

Simeon, die op een zuil woonde

Grote hagedissen glippen over de rotsen, prachtige vlinders fladderen door de stilte van de bergen, waar zo'n tweeduizend jaar geleden de vrome Simeon zou hebben geleefd, die onder de naam 'Stilitis' als christen en als asceet historische betekenis kreeg. Het Griekse woord 'stylos' betekent zuil, en op het platform van een zuil bracht in het Oosten menige kluizenaar biddend en mediterend een groot deel van zijn leven door. Simeon, de 'pilaarheilige', werd door veel gelovigen om raad gevraagd. Het is niet meer te achterhalen wanneer de in de rots uitgehouwen cellen door monniken werden bewoond, maar het klooster groeide in de eeuwen na Christus uit tot een versterkt complex. De gewelven, die van reusachtige blokken werden gebouwd, de rondbogen en de hoge muren staan er nog.

Ligging: 27 km ten zuidwesten van Antakya (na circa 11 km zijweg van de hoofdweg)

Duur: een halve of een hele dag
Kaart: zie achteraan

De imposante burcht van Anamur staat op een strategisch punt, recht tegenover Cyprus.

Naar de burcht van Anamur

TOPTEN 7

Laat de lange reis geen belemmering zijn, want **Anamur Kalesi** is een van de mooiste burchten van Turkije. U kunt er ook enkele dagen van uw vakantie doorbrengen. Binnen de sterke muren, die met hun kantelen en torens boven de zeekust oprijzen, ervaart u nog een zweem van de vroegere hoffelijkheid. Op antieke fundamenten en begroeide rotsen werd de burcht in de 13de eeuw door een koning van het nomadenvorstendom Karaman uitgebreid met twee grote binnenplaatsen, door muren van elkaar gescheiden.

Deze burcht is niet zorgvuldig gerestaureerd, maar ligt deels in puin. Het is een open ruimte, waar u op smalle weergangen zonder omheining kunt klimmen en torens kunt binnengaan, waarvan grote stukken muur in zee zijn gestort. In uw fantasie ziet u de schouwspelen van de kruisvaarders, met tenten, paarden, tapijten en de vroegere oosterse magie. De Osmanen bouwden hier ook een moskee en tegenwoordig wappert de Turkse vlag op de hoogste toren. Tot de vorige eeuw zou hier nog een garnizoen gelegerd zijn geweest.

Door een gat in de muur kunt u van de burcht naar het brede strand afdalen. Dat strekt zich lang uit in oostelijke en westelijke richting, naar het oosten aanvankelijk vlak langs de weg, in westelijke richting naar **Anamur iskelesi**, een kleine haven en badplaats. Landinwaarts vindt veel nieuwbouw plaats, maar de pensions en hotels aan de oeverpromenade genieten de voorkeur wegens de rust.

Enkele kilometers verder naar het westen liggen aan de zuidelijkste punt van de Klein-Aziatische kust de ruïnes van **Anamurium**. Deze stad, die in de 4de eeuw werd gesticht, werd in de 7de eeuw opgegeven en vervolgens in de 12de en 13de eeuw weer door Armeniërs bewoond.

Als u nog tijd over heeft, kunt u nog een tochtje maken naar **Anamur**, een typisch Turks stadje met veel winkels en ambachtelijke bedrijven. In het bergland kunnen twee druipsteengrotten worden bezichtigd, bij **Ovabağı** (11 kilometer) en bij **Omançık** aan de weg naar Ermenek (55 kilometer).

Inlichtingen
Turizm Danışması Müdürlüğü
Otogar Binasi 17(busstation) aan de snelweg Alanya-Silifke
Tel. 3 24/8 14 35 29, fax 8 14 40 58

Anamur-museum
Ten westen van de pier.
Dagelijks open

Burcht
Dagelijks open, behalve ma

Ligging: Zowel vanuit Alanya als vanuit Silifke ongeveer 130 km, dag. verscheidene busverbindingen

Duur: ten minste een dag
Kaart: zie voor- en achteraan

Naar het eiland Kekova en de verzonken stad

Een van de interessantste boottochten aan de zuidkust voert van Kaş, Demre of – de kortste tocht – van Üçağiz naar het eiland **Kekova** en enkele plaatsen uit de Oudheid. Dit gebied met zijn eilanden en ontelbare baaien is ideaal om te zwemmen. De schoonheid van de natuur wordt vervolmaakt met de overvloed aan antieke resten rondom het eiland Kekova. Die zijn weliswaar niet zo spectaculair als bijvoorbeeld in de omgeving van Antalya, maar voor mensen die belangstelling hebben voor archeologische vondsten, zijn ze zeker de moeite waard. De belangrijkste bezienswaardigheid is **Sualtı Şehir**, de verzonken stad, een antiek stadsdeel dat vroeger aan de kust lag, maar onder het wateroppervlak is verdwenen. In het heldere, rustige water zijn de fundamenten van de huizen en het wegennet goed te zien. Om dit Turkse Atlantis beter te kunnen bekijken, kunt u ook een tocht maken op een boot met een glazen bodem.

Een surrealistische sarcofaag

Op het vasteland is de mooiste plaats het dorp **Kale**, dat grenst aan het ruïneterrein van het antieke Simena en schilderachtig is begroeid. U kunt er heerlijke vis eten en voor of na de maaltijd naar de uit de Middeleeuwen daterende burcht wandelen. Binnen de burchtmuren kunt u een met slechts zeven bankenrijen ingericht antiek theater bezichtigen. Hier bevinden zich ook de ruïnes van een badinrichting, Lycische sarcofagen en graven, die deels in de rots zijn uitgehouwen, en tegen de heuvel en langs de kust ziet u de resten van woonhuizen. Er ligt in het ondiepe water een bijzondere sarcofaag, die een heel surrealistische indruk maakt.

In het midden van de baai van Kekova ligt het dorpje **Üçağiz**, ten oosten daarvan bevindt zich het antieke **Theimiussa**, met grafinscripties en een over een lengte van 30 m in de oeverrotsen uitgehouwen antieke aanlegkade. De inscripties op de sarcofagen zijn meestal in het Grieks en dateren uit de Helleense en Romeinse tijd. Enkele graven hebben echter inscripties in de taal van de Lyciërs, die zich hier al eerder hadden gevestigd. Er werden niet alleen namen ontcijferd, maar bijvoorbeeld ook waarschuwingen aan grafrovers. Aan te bevelen voor een hapje of een drankje: **Restaurant Koç** in Üçağiz (zie Tip, blz. 23).

Ligging: Over het water ligt het eiland Kekova ongeveer 30 km van Kaş verwijderd en vanuit Demre/Kale bedraagt de afstand nog geen 20 km. Over land komt u over de onlangs nieuw aangelegde weg naar Üçağiz (36 km van Kaş) en vandaar kunt u met een boot overvaren.

Duur: een dag
Kaart: vooraan

Naar het woeste berggebied rond Termessos

TOPTEN 5

Duizend meter boven de rijke en zonnige kustvlakte van Antalya ligt deze unieke, door beboste bergen overwoekerde ruïnestad. 'Termessos is heel merkwaardig maar ook bijzonder mooi gelegen; het is een uitkijkpost en ligt toch diep verscholen in het met bergen omgeven dal. Als de Pisidiërs rovers waren, dan konden zij geen betere schuilplaats hebben dan hier in dit adelaarsnest', schreef Karl Lanckoronski, die in de 19de eeuw een van de eersten was die onderzoek verrichtte in Termessos. Wij kunnen ons moeilijk voorstellen dat de mensen in de Oudheid in staat waren om een hele stad met muren en poorten, waterputten en een gymnasium, een agora, een markthal en een theater tegen de berg van dit afgelegen bergdal te bouwen. Wij weten maar weinig van de Pisidiërs, die hier in hun bergvesting geleefd hebben voordat zij door de Hellenen werd ingenomen. In hun inscripties noemen zij zich Solymiërs, naar de naam van de 1650 meter hoog gelegen rotskegel boven hun stad: Solymos, tegenwoordig **Güllük Dağı**, de hoogste top in het 6700 hectare grote **nationaal park Güllükdağı.**

Ook thans loopt na een lange, bochtige weg van de parkeerplaats slechts een smal voetpad naar het prachtig gelegen theater van **Termessos** (hoogte: 1050 meter). Grote delen van de stad en de bijbehorende dodenstad zijn begroeid met moeilijk doordringbare bossen.

De schitterende bergen ten noorden van Antalya

Het mooiste grafreliëf, dat in deze wildernis zonder gids moeilijk te vinden is, toont een ruiter in harnas, vermoedelijk Alketas, een generaal van Alexander de Grote, die zich in de strijd om de opvolging zelf doodde omdat hij bang was dat hij door de Termessiërs aan zijn vijanden zou worden uitgeleverd.

Neanderthalers, karstkloof, watervallen

Een uitstapje naar de oudste sporen van de mens in Turkije leidt naar de **Karain-grotten**. Deze driedelige grot, die reeds 160.000 jaar geleden bewoond was, werd in 1946 door Turkse archeologen onderzocht. Hun vondsten – o.a. de kies van een Neanderthaler – zijn in een klein museum tentoongesteld.

Vanaf de weg naar Korkuteli kunt u ook naar de 115 m diepe karstkloof van **Güver** (met borden aangegeven, Güver Uçurumu, bij het Düzler Çami Park, 20 kilometer van Antalya), een mooi wandelgebied in ongerepte natuur.
Ook de **Düden-waterval**, 10 kilometer van Antalya, met picknickplaatsen en wandelwegen, kan tijdens dezelfde tocht bezocht worden.

Archeologisch terrein
Termessos: dagelijks open, verschillende openingsuren afhankelijk van het seizoen

Vertrek: 34 km noordwestelijk van Antalya (weg naar Burdur, zijweg naar Korkuteli)

Duur: een halve of een hele dag
Kaart: zie vooraan

De Düden-waterval bij Antalya wordt druk bezocht door dagjesmensen.

Naar de Hettieten van Karatepe

TOPTEN 10

'De opgravingsplaats die **Karatepe** wordt genoemd, ligt ongeveer 5 uur rijden ten zuidoosten van Kadirli verwijderd'. Zo begint het eerste verslag over de in 1945 in de wildernis bij de 'Zwarte Berg' (= Karatepe) ontdekte sculpturen en reliëfstenen. Tegenwoordig rijdt u met de auto over de autosnelweg van Adana en verder over een verharde weg van Osmaniye naar Karatepe. Voor de rotskammen van de Taurus weerspiegelt de blauwe lucht zich in een groot meer, dat midden in de dichte bossen door stuwing van de rivier de Ceyhan ontstond. Een 7000 vierkante kilometer groot gebied werd tot nationaal park **Karatepe-Aslantaş** uitgeroepen. U kunt er wandelen, picknicken, zwemmen en een bezoek brengen aan de als een 'museum' ingerichte opgravingsplaats Karatepe, een van de belangrijkste Hettitische vindplaatsen.

Het unieke van deze locatie is dat u de monumentale reliëfs die musici tijdens een feestmaal, jagers en schippers voorstellen, evenals de meer dan levensgrote sculpturen van de koning en de Hettitische weergod en de reusachtige, gevleugelde leeuwen met mensenhoofden op de paleisheuvel kunt zien en niet achter de muren van een museum. Het geheel wordt alleen door open dakconstructies tegen de weersomstandigheden beschermd. Veertig jaar geleden heeft de archeologe Halet Campbel samen met Italiaanse restaurateurs en architecten deze presentatievorm gerealiseerd. Halet Cambel is tegenwoordig professor aan de universiteit van Istanbul en eredirectrice van het museum van Karatepe.

De Steen van Karatepe

Behalve de grote sculpturen en reliëfs werd als belangrijkste vondst van Karatepe een **bilinguis**, een tweetalige tekst op stenen platen blootgelegd: de reeds lang gezochte sleutel voor de ontcijfering van de Hettitische hiërogliefen, even waardevol als de beroemde 'Steen van Rosetta', die na 1799 de verklaring van de Egyptische hiërogliefen mogelijk maakte. In de 8ste eeuw v.Chr. was het Hettitische rijk met zijn hoofdstad Hattuşa (ten oosten van Ankara) al lang ondergegaan. De 'Steen van Karatepe' vormde de toegang tot duizenden kleitabletten die daar in de archieven werden gevonden. Sindsdien weet men veel meer over dit Indo-Europese volk.

Op een plaat onder de bomen van de paleisheuvel is de vertaling van de Fenicisch-Hettitische tekst op de Steen van Karatepe uit de 8ste eeuw v.Chr. te lezen, een lofzang van de Hettitische koning Arsativatas op het door hem verwe-

De bergkloof van Saklıkent, waarin drie bronnen ontspringen, is een uniek stukje natuur.

zenlijkte vredesrijk: '...over de wegen, waarover mannen niet alleen konden lopen, gaan in mijn tijd de vrouwen spinnend huns weegs. In mijn tijd heerst welvaart, welzijn en rust.'
Voor het archeologische terrein wordt houtsnijwerk van de dorpsbewoners verkocht. In een gebouw van bosbeheer bevindt zich een cafetaria waar u een hapje kunt eten. In het stadje **Kadirli** is ook een hotel. Niet ver van Karatepe leidt Halet Cambel een nieuwe opgraving bij **Domuştepe**: daar worden prehistorische, laathettitische en Grieks-Romeinse vondsten opgegraven.

Museum
Dagelijks open, verschillende openingsuren afhankelijk van het seizoen
Fotograferen is verboden.

Ligging: Ongeveer 120 km van Adana,165 km van Antakya, 21 km van Kadirli

Duur: een dag of langer
Kaart: zie achteraan

Door de cañon van Saklıkent

Steeds meer mensen beginnen te ontdekken dat Turkije als vakantieland meer te bieden heeft dan alleen stranden en baaien: de bergen. In **Saklıkent** in het Akdağıgebergte, ten zuidoosten van Fethiye, kunt u echter geen top bedwingen, maar wel door een bergkloof boven een snelstromende rivier lopen. Saklıkent betekent letterlijk 'verborgen oord': hier hebben het smeltwater en het water uit drie grote bronnen tot 300 m diep een cañon in de rotsen uitgehold.
Over houten vlonders kunt u langs de steile wanden boven het ijskoude water de in totaal ongeveer 18 kilometer lange bergkloof binnenlopen. Hier ziet u de bronbekkens en in de buurt bevindt zich ook een kleine lokanta, waar vooral forel op het menu staat. U loopt door de beekbedding (alleen antislipschoeisel is op de glibberige, gladgeslepen rotsen geschikt) en hier en daar moet u ook door het water waden. Vooral op warme zomerdagen is de bergkloof van Saklıkent niet alleen een overweldigende ervaring te midden van deze prachtige natuur, maar brengt ze ook verkoeling.

Ligging: 45 km ten zuidoosten van Fethiye, in het seizoen regelmatige minibusverbindingen

Duur: een dag
Kaart: zie vooraan

Alarmnummers

De belangrijkste telefoonnummers:
Algemeen politie-alarmnummer: 155
Inlichtingen over telefoonnummers en de geopende apotheken: 118
Brandweer: 110
Ambulance: 112

Bevolking

De grootste bevolkingsuitwisseling na het Verdrag van Lausanne (24 juli 1923) is al lang geschiedenis. De Turken moesten destijds Griekenland verlaten, en twee miljoen Grieken, velen van hen woonden sinds generaties aan de westkust, moesten Turkije verlaten. Alleen zij die in Istanbul woonden, mochten blijven – en een aantal op kleine eilanden. Omvangrijk is de immigratie tijdens de laatste decennia uit Midden- en Oost-Anatolië. Het kleine aantal grootstedelijke centra langs de zuidkust groeide explosief. Zo had bijvoorbeeld Adana in 1945 nog 100.000 inwoners en in 1980 al 575.000, en tegenwoordig al meer dan een miljoen. Aan de Middellandse-Zeekust bouwen niet alleen rijke inwoners van Istanbul hun tweede huis of een woning voor de oude dag, maar ook steeds meer Midden-Europeanen.

Dieren

Voor huisdieren heeft u een gezondheidsverklaring 'Certificate of Origin' nodig en een 'Veterinary Health Certificate', evenals een bewijs van de inenting tegen hondsdolheid, dat ten minste 15 dagen en maximaal zes maanden voor vertrek moet zijn afgegeven.

Diplomatieke vertegenwoordigingen

Nederlandse ambassade
Turan Günes Bulvari
7. Caddesi No. 3
Ankara
Tel. (0312) 4 46 04 70

Belgische ambassade
Mahatma Gandi Caddesi 55
Gaziosmanpaşa
Ankara
Tel. (0312) 446 82 47

Nederlands consulaat
Istiklâl Caddesi 393
Beyoğlu
Istanbul
Tel. (0212) 2 51 50 30

Belgisch consulaat
Siraselviler Caddesi 73
Taksim
Istanbul
Tel. (0212) 243 33 00

Douane

Persoonlijke gebruiksvoorwerpen zijn vrijgesteld van invoerrechten (bijvoorbeeld maximaal 10 filmrolletjes), evenals 200 sigaretten of 50 sigaren, 200 g tabak en 50 g snuiftabak.
Vrijgesteld van invoerrechten zijn ook 1,5 kg koffie, 1,5 kg oploskoffie, 500 g thee, 1 kg chocolade en 1 kg snoep, 5 l alcoholische dranken, 5 flesjes parfum (elk flesje van max. 120 ml) en geschenken van circa 250 euro.
Dure sieraden, antiek en elektronische apparatuur moeten bij aankomst in het paspoort worden geregistreerd om bij vertrek problemen te voorkomen (niet vergeten om de registratie ongedaan te laten maken voor uw volgende bezoek!). Ook auto's worden bij aankomst in

het paspoort geregistreerd.
Belangrijk: bij een ernstig ongeluk/total loss een politierapport laten opmaken, zodat bij vertrek de registratie in het paspoort ongedaan kan worden gemaakt en geen invoerrechten nabetaald hoeven te worden!
Bij vertrek moet voor tapijten de kassabon en voor antieke voorwerpen (meer dan 100 jaar oud) de schriftelijke toestemming van een museumdirectie worden overhandigd.

Economie

De jaren tachtig werden een succes: het hoogste groeipercentage van het bruto nationaal product van alle OESO-landen, een forse stijging van de industriële productie evenals van de inkomsten uit het toerisme, een stijging van 400 procent van de export, uitbreiding van de energie- en irrigatiecapaciteit in het grootschalige 'Zuidoost-Anatolië-project'. Het instrumentarium waarmee de regering van Turgut Özal de reeds lang voorgenomen economische hervorming doorzette, bestond uit de liberalisering van de prijscontroles, de deviezenreglementering en de importbeperkingen.
Wie tegenwoordig na een lange tijd weer Turkije met zijn 65 miljoen inwoners bezoekt, stelt vast: er is geen zwarte markt voor deviezen meer, maar het inflatiepercentage is enorm gestegen. De schaduwzijden van de hervorming zijn ook de hoge werkloosheid en de staatsschuld.
Een groot gedeelte van de staatsuitgaven moet worden aangewend voor de schulddelging en de subsidiëring van de staatsbedrijven. Privatisering van de staatsbedrijven werd daarom een belangrijk punt in het regeringsprogramma van minister-president Tansu Çiller, ook als daardoor de werkloosheid toeneemt.
Ondertussen breidt Turkije de samenwerking met de Centraal-

Een van de lievelingsbezigheden van Turkse mannen is de krant lezen.

Aziatische republieken van de voormalige Sovjetunie uit; sinds 1992 bestaat het nieuwe 'Zwarte Zee Samenwerkingsverband', waarbij zich ook Bulgarije en – ondanks het onopgeloste conflict met Cyprus – Griekenland hebben aangesloten. Het is te hopen dat de Turkse regering met nieuwe initiatieven meer bereikt dan met militair geweld: het ook vanuit het buitenland geleide PKK-terrorisme uitschakelen – en daarmee de gevaarlijkste mijn op de weg naar de economische consolidatie onschadelijk maken.

Feestdagen

Officiële feestdagen waarop winkels, banken en overheidskantoren sluiten, zijn:

1 jan. Nieuwjaarsdag
23 april Dag van de nationale onafhankelijkheid en van de kinderen
19 mei Herdenkingsdag van Atatürk, dag van de jongeren en de sport
30 aug. Dag van de Overwinning (op de Grieken, 1922)
29 okt. Dag van de Republiek (stichting in 1923)

Op islamitische feestdagen die afgestemd zijn op de maankalender en bijgevolg veranderlijk zijn (het maanjaar telt 354 dagen), gaat het openbare leven in het westen van Turkije gewoon door, behalve tijdens het offerfeest **Kurban bayramı** en op het einde van de Ramadam.

Fooi

In het restaurant en de taxi wordt circa 10 procent fooi verwacht. In hotels is fooi niet verplicht, maar men neemt het graag aan.

Fotograferen

Het fotograferen van militaire installaties is verboden. Voor het overige is fijngevoeligheid vereist: in moskeeën moet u net zo terughoudend fotograferen als in uw eigen land in een kerk, en mensen moet u niet zonder hun toestemming fotograferen. Een vragende blik en een glimlach zijn meestal voldoende om elkaar te begrijpen.

Geld

Buitenlandse en Turkse valuta mag onbeperkt worden ingevoerd. Wegens het thans nog hoge inflatiepercentage van de Turkse lira (TL) is het echter aan te bevelen om in het land zelf lira's te kopen. Turks geld dat u op het einde van de reis nog over heeft, kan voor het vertrek met overhandiging van de omwisselingskwitantie of een declaratiebewijs van het ingevoerde bedrag worden omgewisseld. Tegenwoordig kan er ook bijna overal in Turkije met euro's betaald worden.
Banken zijn in de regel van ma-vr van 8.30-12.30 en 13.30-17.30 uur geopend, in de vakantiecentra tijdens het hoogseizoen ook langer. Het loont de moeite om de wisselkoersen te vergelijken en – weer wegens de inflatie – bij een lang verblijf niet al uw geld reeds aan het begin van de reis om te wisselen.
Creditcards worden steeds gebruikelijker in hotels, restaurants en winkels van de gemiddelde en hoge prijsklasse. Toch worden niet alle creditcards overal geaccepteerd, zelfs niet degene die bij de deur uithangen.

Godsdienst

Meer dan 98 procent van de Turken is moslim. De godsdienst heeft in het dagelijkse leven een grote betekenis, hoewel Turkije geen religieuze, maar een seculiere (laïcistische) staat is. De islam, wat in het Arabisch zoveel betekent als 'overgave (aan God)', is een monotheïstische godsdienst. De islam beschouwt zichzelf als de voltooiing van de beide 'boeken-religies' jodendom en christendom, waarvan de openbaring door de profeten van Adam tot Jezus onvolledig was en bovendien verkeerd was weergegeven. Alle moslims moeten voldoen aan de vijf basisplichten ofwel de 'vijf zuilen van de islam': het uitspreken van de geloofsbekentenis – 'Er is geen God behalve Allah, Mohammed is zijn profeet' -, de dagelijkse vijf gebeden, het geven van aalmoezen (daarmee bedoelt men ook het betalen van bepaalde belastingen), het vasten tijdens de ramadan en de bedevaart naar Mekka, die echter alleen onder bepaalde geschikte omstandigheden moet worden ondernomen. Ook veel regels van het burgerlijk leven, op het gebied van strafrecht, erfrecht, grondrecht, handelsrecht en algemeen recht worden door de islam vastgesteld. Daarom verzetten religieuze kringen zich ook openlijk of latent tegen de moderne westerse democratie. Twistpunten zijn o.a. de scholing, de positie van de vrouw en de seksuele moraal, het gebruik van alcohol, kleding-voorschriften en de programma's van de massamedia.

Inlichtingen

Turks verkeersbureau in Nederland
Herengracht 451
1017 BS Amsterdam
Tel. 020-6266810/6244006

Turks verkeersbureau in België
Montoyerstraat 4B

Tapijthandelaars bieden overal hun waar te koop aan.

1000 Brussel
Tel. 02-5138230

Door de toename van het toerisme in Turkije sinds het midden van de jaren tachtig is de efficiëntie van de plaatselijke informatiekantoren ook aan de zuidkust verbeterd (adressen bij de hoofdstukken van de afzonderlijke plaatsen). Men spreekt er Engels en er zijn stadskaarten, brochures en logeeradressen verkrijgbaar. Sommige kantoren zijn ook in het weekend geopend. In geval van nood zal men u ook in uw hotel bijvoorbeeld het adres van een dokter geven.

Kleding

Turken kleden zich formeler dan Midden-Europeanen: ook op warme dagen is het donkere kostuum met stropdas geen uitzondering. Als u weet dat u tijdens uw verblijf 'officieel' wordt uitgenodigd, dan kunt u daar rekening mee houden. Buiten de toeristencentra kan uitdagende kleding op misverstanden stuiten. Een blouse met blote schouders en damesshorts wekken buiten de badplaatsen en de grote steden snel de indruk dat u uit bent op een seksavontuurtje en een hippie-outfit is al gauw verdacht.

Kranten

Turken zijn echte krantenlezers. In het Engels verschijnt dagelijks de officieuze 'Daily News'. Buitenlandse kranten zijn in het seizoen in de toeristencentra en in Adana verkrijgbaar.

Medische verzorging

Het is aan te bevelen om van tevoren bij uw ziektekostenverzekeraar te informeren of uw verzekering ook voor Turkije geldt. Voor sommige gebieden in Turkije is het raadzaam om u te laten inenten

De juiste klimaatgegevens aan de hand van het voorbeeld van **Antalya**:

	Gemiddelde temperaturen in °C		Zonne-uren per dag	Regendagen	Water-temperatuur in °C
	dag	nacht			
Januari	14,8	6,1	4,8	14	16
Februari	15,5	6,5	6,6	11	16
Maart	17,6	7,9	7,2	8	16
April	21,0	11,2	8,5	6	17
Mei	25,1	15,2	10,5	5	20
Juni	30,1	19,4	12,2	2	23
Juli	33,6	22,6	12,8	0,6	25
Augustus	33,7	22,5	12,1	0,5	27
September	30,8	19,3	10,7	1	26
Oktober	26,4	15,2	8,6	6	23
November	21,4	11,1	6,6	8	20
December	16,8	7,8	5,1	12	18

Bron: Deutscher Wetterdienst, Offenbach

tegen bijvoorbeeld difterie, polio, hepatitis A, tyfus en tetanus. Inlichtingen daarover kunt u ook inwinnen bij uw ziektekosten-verzekeraar. In de grote steden in Turkije is de medische verzorging en de inrichting van de ziekenhuizen heel goed.

Netspanning

Overal 220 volt. Het komt wel eens voor dat de stroom uitvalt of dat er schommelingen in het voltage optreden. Heel afgelegen dorpen zijn nog niet op het elektriciteitsnet aangesloten.

Nudisme

In vakantiedorpen, waar voornamelijk buitenlandse toeristen verblijven, liggen sommige vrouwen wel topless in de zon. Maar het nudisme is niet te verenigen met de traditionele islamitische regels van het Turkse gezinsleven en daarom zal het vermoedelijk ook in de nabije toekomst alleen aan exclusieve privé-stranden of aan moeilijk toegankelijke baaien beoefend kunnen worden.

Politiek

De parlementaire traditie van Turkije gaat ver terug, tot in 1876, het jaar van de Osmaanse constitutie. De geschiedenis van het Turkse parlementarisme is echter wel een geschiedenis die met veel crises gepaard ging en de meerpartijen-democratie is nog jong.

In 1980 werd door een militaire staatsgreep een einde gemaakt aan toestanden die erg veel op een burgeroorlog leken.

De laatste ontwikkelingen zijn als volgt samen te vatten: onder de regering van Turgut Özal heeft de Turkse Republiek een fase van economische bloei gekend. Voor velen bracht deze welstand, veel armen zijn er echter nog armer door geworden. Daarna werd Demirel,

Aan wegwijzers is hier geen gebrek.

leider van de 'Partij van het juiste Pad', president.
Aan het Islamitisch intermezzo van de regering Erbakan werd in 1997 een einde gemaakt onder druk van het Turkse leger.
De militaire alliantie met Israel, het pokerspel rond de pijpleidingen naar de Middellandse Zee en de successen van het Turkse leger hebben de situatie van Turkije in de jaren '90 grondig veranderd.
In 1997 weigerden de landen van de Europese Unie de toetreding van Turkije. De diplomaten van Europa hebben zelf verzaakt aan de uitgebreide overgangsoplossingen, zoals ze door minister-president Mesut Yilmaz werden voorgesteld.
Europa heeft Turkije nochtans nodig, want het vervult een onmisbare brugfunctie tussen de volkeren van Europa en het Nabije Oosten.
Misschien maakt het stijgende aantal toeristen dat Turkije elk jaar bezoekt, veel goed.
In elk geval hebben beide partijen nog een heleboel van elkaar te leren.

Post

De postkantoren (PTT) zijn meestal van ma-vr van 8.30-12.30 en 13.30-17.30 uur geopend, de hoofdpostkantoren in de grote steden van ma-vr van 8-24 en op zo van 9-19 uur. U kunt uw post naar het hoofdpostkantoor in de betreffende stad met de aantekening 'poste restante' laten sturen.
Op talrijke postkantoren kunt u ook faxen en geld wisselen.

Radio

Voor toeristen is het FM-station TRT 3 het interessantste. Daarop kunt u de Nederlandse en Belgische informatieprogramma's horen.
Nieuwsuitzendingen in de Engelse en Franse taal zijn er telkens na de Turkse uitzendingen om 9, 12, 14, 17, 19 en 22 uur.

Reisdocumenten

Voor een verblijf van maximaal drie maanden is een geldig paspoort of legitimatiebewijs voldoende.

Reisweer

Reeds in juni kan de temperatuur oplopen tot boven de 35°C – heel aangenaam bij een zeebriesje. Wie niet goed tegen de hitte kan en toch excursies en tochten wil maken, kan het beste tussen maart en begin juni of in september en oktober zijn vakantie in Turkije doorbrengen. Vorst komt aan de Turkse zuidkust ook in de winter nauwelijks voor, maar vanaf de tweede helft van oktober kan het er wel hard regenen.

Taal

Dankzij Kemal Atatürks hervorming van het schrift (1928) hanteert men in Turkije in plaats van het Arabische het gewone Latijnse schrift, van het plaatsnaambord tot de menukaart. Ook als u geen Turks kent, waardeert men het toch altijd als u enkele woorden uit een woordenboek kent. De belangrijkste bijzonderheden van de uitspraak:
c: klinkt als dsj
ç: klinkt als tsj
ğ: klinkt als een klank tussen de g en de h

ı: (zonder punt op de i) klinkt als een stomme e
j: klinkt als zj
s: altijd scherp, klinkt als de s van 'as'
ş: klinkt als sj
z: klinkt als de z van 'zitten'
y: klinkt als j
Dit is moeilijk kiezen voor de toerist.

Telefoon

Telefoonkaarten en telefoonmuntjes zijn verkrijgbaar op het postkantoor. Daar kunt u ook interlokaal telefoneren, waarna u het verschuldigde bedrag betaalt.
Telefoneren naar Nederland: kies 0031 (landnummer), het netnummer zonder de 0 en daarna het abonneenummer.
Telefoneren naar België: doe hetzelfde, maar kies 0032 als landnummer.
Telefoneren naar Turkije: kies 0090 als landnummer.

Televisie

Via satellieten kunnen in veel hotelkamers ook West- en Midden-Europese zenders worden ontvangen. De televisieprogramma's van de staatsomroep TRT (Türkiye Radyo ve Televizyon Kurumu) en verschillende commerciële zenders kunnen, met veel reclamespotjes, in veel lokantas en ook in theetuinen worden bekeken.

Tijd

Het tijdsverschil met Nederland en België bedraagt een uur. Om 12 uur 's middags in Nederland en België is het in Turkije al 13 uur.

Boten in de haven van Alanya

Hier vindt u de bezienswaardigheden, musea en uitstappen die in deze gids beschreven werden. Bovendien bevat het register belangrijke trefwoorden en tips uit deze gids. Wanneer een begrip verschillende keren voorkomt, verwijst het **vet**gedrukte getal naar de belangrijkste vermelding.

A

Aankomst 10
Adamkayalar 96; H 4
Adana 9, 12, **35**; I 3/K 3
Adana Merkez Camii Külliyesi 37; I 3
Akkum 95; H 4
Akropolis (Fethiye) 73; C 4
Alahan, klooster van 91, 95; G 3
Alanya 9, **45**; F 4
Alanya (strand) 32; F 4
Alanya-museum 49; F 4
Alarmnummer 109
Altinkaya 67; E 3
Ambassade 109
Ambrabomen (Köyceğiz) 84; B 3
Anamur 9, **102**; G 5
Anamur (strand) 32; G 5
Anamur Kalesi (burcht) 102; G 5
Anamurium 102; G 5
Anavarza 40; K 3
Anazarbos 40; K 3
Ankara 6
Antakya Kalesi (burcht) 55; K 4
Antakya 9, **53**, 100; K 4/L 4
Antalya (strand) 32; D 3/E 3
Antalya 5, 7, 12, **61**; D 3/E 3
Antalya-museum (Tip) 64; D 3/E 3
Aquaduct van Trajanus (Antakya) 55; K 4
Archeologisch museum (Adana) 38; I 3/K 3
Archeologisch museum (Antakya) 56; K 4
Arsus 60; K 4
Aspendos 9, **67**; E 3
Astim Mağarası 95; H 4
Atatürk Evi (Atatürkhuis, Silifke) 94; H 4
Atatürk-huis (Silifke) 94; H 4
Atatürk-museum (Alanya) 49; F 4
Atatürk-park (Mersin) 96; I 3/I 4
Auto 10, 11
Autotochten 100, 102
Autoveerboten 10
Ayatekla 95; H 4
Aytap 52; F 4

B

Bagdad-spoorlijn (Tip) 12
Barbarossagedenkplaats (Tip) 98; H 4
Bazaar 25
Bazaar (Antakya, Tip) 58; K 4
Beldibi 32, 67; D 4
Belek 6, 7, 29, 62, **87**; E 3
Belgeciz 77; C 4
Belkis 67; E 3
Bergbeklimmen 29
Bergwandelen 32
Beschermde natuurgebieden 6, 7
Bevolking 109
Blauwe Reis 28, 30
Blauwe Grot 79; C 4
Boottocht 103
Bootverbindingen 10
Bron van de H. Paulus (Tarsus, Tip) 41, I 3
Burcht van Anamur **102**; G 5
Burcht (Marmaris) 88; B 3
Burcht (Silifke) 94; H 4
Burcht (Antakya) 55; K 4
Burcht (Alanya) 48; F 4
Bus 13
Busstation 13
Busverbindingen 10
Büyük Çaltıcıak (strand) 67; D 4
Büyük Saat (klokkentoren, Adana) 37; I 3/K 3

C

Camping 16
Camyuva 32, 67; D 4
Cañon van Saklıkent 108; D 4
Çarşı (bazaar) 25
Cennet Adası (Paradijseiland) 87; A 4
Cennet ve Cehennem 95; H 4
Çevlik 60; K 4
Çiftlik 87; B 4
Ciliciё 9

D

Dalaman 7; C 3
Dalyan 32, 83, **86**; B 3
Damlataş-grot (Alanya) 48; F 4
Daphne 60; K 4
Datça 6, 7, **90**; A 4
Demre 81; D 4
Dieren 109
Dilekkaya 40; K 3
Dimçayı Barajı 52; F 4
Diocaesarea 91, **98**; H 4
Diplomatieke vertegenwoordigingen 109
Dodenstad (Fethiye) 73; C 4
Dolmuş (collectieve taxi) 13
Domuştepe 108; K 2
Douane 109
Drankjes 10, 20
Düden-waterval 105; D 3
Duiken 32
Duikschool (Tip) 30; C 4

E

Economie 110
Ekincik 32, 83, **86**; B 3
Eten en drinken 19
Etnografisch museum (Adana) 38; I 3/K 3
Etnografisch museum (Alanya) 49; F 4

F

Feestdagen 111
Feesten 33
Fethiye 7, 9, **71**; C 4

Fethiye Körfezi 71; C 4
Fethiye-museum 73; C 4
Fooi 111
Fotograferen 111

G
Geiteneiland 87; A 4
Geld 111
Göcek 7, **76**; C 4
Godsdienst 112
Göksu-delta 7, **95**; H 4
Golf 29
Grote moskee (Adana) 37; I 3/K 3
Grote moskee (Antakya) 55; K 4
Gulet (zeilschip) 4, 13
Güllük Dağı 104; D 3
Güllükdağı, nationaal park 104; D 3
Günlük Kargı 76; C 4
Güver 105; D 3
Güzelyayla 60; K 4

H
Habib Neccar Camii (Antakya) 55; K 4
Hadrianus-poort (Antalya) 63
Harbiye 60; K 4
Hettieten 106
Hıdırlık Kulesi (Antalya) 64; D 3/E 3
Hisarönü 90; B 4
Hoofdseizoen 14
Horse Riding Centre (Tip) 76; C 4
Hotel 14
Huurauto's 12

I
İçel 96; I 3/I 4
İcmeler 87; B 4
İnçekum 52; F 4
Inlichtingen 112
İotape 52; F 4
İssos 60; L 3
İztuzu (strand) 86

K
Kadirli 108; K 2
Kale **81**, 103; D 4
Kalkan 78, **81**; C 4
Kamers van particulieren 16
Kanoën 29
Kapalı çarşı (bazaar) 25
Kaputaş (strand) 82; C 4
Karaalioğlu-park (Antalya) 62; D 3
Karain-grotten 105; D 3
Karaçay 100; K 4
Karataş 40; K 4
Karatepe 9, **106**; K 2/L 3
Karmylassos 76; C 4
Kaş 9, **78**; C 4
Kaunos 86; B 3
Kaya Köyü 76; C 4
Keçi Adası (Geiteneiland) 87; A 4
Kekova 7, 78, **103**; D 4
Kemer 32, 67; D 4
Kesik Minare (Antalya) 64; D 3/E 3
Kinderfeest (Tip) 34
Kızıl Kule (Rode Toren, Alanya) 48; F 4
Kızkalesi 6, 91, **96**; H 4
Kleding 113
Klokkentoren (Adana) 37; I 3/I 4
Knidos 90; A 4
Koç Restaurant (Üçağiz, Tip) 23; D 4
Konyaaltı-strand (Antalya) 32, 62; D 3
Köprülü Kanyon, nationaal park 67; E 3
Korykos 96; H 4
Köyceğiz 7, **83**; B 3
Köyceğiz-meer 83; B 3
Kranten 113
Kücük Kargı 76; C 4
Kücük Çaltıcıak (strand) 67; D 4
Kumlubük 87; B 4
Kurtkulaği 40; K 3

L
Lara-strand (Antalya) 62; D 4
Legitimatiebewijs 115
Logies 14
Lokanta (restaurant) 20

M
Mağaracık 60; K 4
Magarus 40; K 4
Magic Life 86; B 4
Manavgat 68; E 3
Marmaris 6, **87**; B 3
Marmaris Kalesi (burcht) 88; B 3
Marmaris-museum 89; B 3
Medische verzorging 113
Mersin 6, 12, 91, **96**; I 3/I 4
Meryemlik 95; H 4
Misis 40; K 3
Murat Paşa Camii (Antalya) 64; D 3/E 3
Musa Dağı 60; K 4
My Marina (restaurant, Ekincik, Tip) 86; B 3
Myra 81; D 4

N
Narlıkuyu 98; H 4
Nationaal park Karatepe-Aslantaş 106; K 2/K 3
Netspanning 114
Nudisme 114

O
Olba 91, **98**; H 4
Olimpos Beydağları Sahil Milli Parkı 6, **68**; D 4
Ölüdeniz 77; C 4
Ölüdeniz (strand) 32; C 4
Olympos 68; D 4
Omançık 102; G 4
Otogar (busstation) 13
Oude bazaar (Antakya, Tip) 58; K 4
Ovabağı 102; G 4

P
Paardrijden **30**, (Tip) 76
Paradijseiland 87; A 4
Paragliding 29
Paspoort 115
Pastane (tearoom) 20
Patara (strand) 7, 32, 78, **82**; C 4
Payas 60; K 3/L 3
Pazar (bazaar) 25
Pension 14
Perge 68; E 3
Phaselis 9, **68**; D 4
Pınara 77; C 4
Politiek 114
Post 115
Prijsklassen (restaurants) 20
Prijsklassen (hotels) 18

R
Radio 115
Rafting **29**, (Tip) 49
Reis 10
Reisdocumenten 115
Reisweer 115
Restaurants 20
Restoran (restaurant) 20
Rode Toren (Alanya) 48; F 4
Romeinse brug (Adana) 37; I 3/K 3
Rotsgraven (Kaş) 79; C 4

S
Saklıkent 68, 108; D 3
Samandağ 60; K 4
Sarcofaag (Kaş) 79; C 4
Sarıgerme 6, 83, **86**; B 4
Sarıgerme (strand) 32; B 4
Scheepvaartverkeer 13
Seizoen 14
Seleucia de Pieria 60; K 4
Selge 67; E 3
Senpiyer Kilisesi (St.-Petrusgrot, Antakya) 56; K 4
Seyhan Barajı 40; I 3
Seyhan-dam 40; I 3
Side Müzesi 70; E 3/E 4
Side 6, **70**; E 3/E 4
Side (strand) 32; E 3/E 4
Silifke-museum 94; H 4
Silifke 6, 7, 9, **91**; H 4
Silifke Kalesi (burcht) 94; H 4
Sirkeli 41; K 3
Skiën 30
Specialiteiten 20
Specially Protected Areas 6, 7
Sport 28
St.-Petrusgrot (Antakya) 55; K 4
St.-Simeon-Stilitis-klooster 99, **100**; K 5
Stranden 28, **32**
Stuwmeer Seyhan 40
Sualtı Şehir 103; C 5
Süleymani-moskee (Alanya) 48; F 4
Surfen 30

T
Taal 115
Tankstations 12
Tarsus 41; I 3
Taş Köprü (Romeinse brug, Adana) 37; I 3/K 4
Taşucu 91, **98**; H 4
Taurus-gebergte 5
Taxi, collectieve 13
Tearoom 20
Teimiussa 103
Tekirova 6, **67**; D 4
Telefoon 116
Televisie 116
Tell Atchana 60; L 4
Tennis 32
Termessos 9, 99, **104**; D 3
Tersane (werf, Alanya) 49; F 4
Theater (Kaş) 79; C 4
Tijd 116
Tlos 77, C 4
Tochtjes 99
Toprakkale 9, **44**; K 3
Toros Dağları (Taurus-gebergte) 5
Treinverbindingen 10
Trekking 32
Turunç 87, **90**; B 4
Tütay Türk Evi Otelleri (hotel, Antalya, Tip) 18; D 3/E 3

U
Üçağiz 103; D 4
Uitstappen 99
Ulu Cami (grote moskee, Adana) 37; I 3/I 4
Ulu Camii (grote moskee, Antakya) 55; K 4
Uluçınar 60; K 4
Uzuncaburç 98; H 4

V
Vakantiedorpen 16
Vakantiehuisjes 16
Veerbootverbindingen 10
Vliegverbindingen 10

W
Wandelingen 104, 106, 108
Waterskiën 30
Weer 115
Werf (Alanya) 49; F 4
Winkelen 25
Woordenlijst, kleine 21

X
Xanthos 82; C 4

Y
Yağ Camii (Adana) 37; I 3/K 3
Yakacık 60; K 3/L 3
Yakapınar 40; K 3
Yenişehir-meer 60; K 4
Yılanlı-burcht 41; K 3
Yivli Minare (Antalya) 64; D 3/E 3
Yörük-park 67; D 4
Yumurtalık 9, **44**; K 3
Yumurtalık (strand) 32; K 3

Z
Zeilen 30

Published originally under the title
'Turkei Südküste' (M. Neumann-Adrian, C.K. Neumann)

Deze uitgave door: Deltas, België-Nederland.
Nederlandse vertaling: J. Hendriks
D-MCMXCVI-0001-205
Gedrukt in België
NUR 512

Geactualiseerde uitgave 2005-2006

Kaarten: Kartographie Huber

Foto's:
R. Hackenberg 2, 11, 17, 28, 33, 39, 42/43, 51, 59, 61, 70, 104, 105
G.P. Müller 13, 15, 31, 47, 74/75, 83, 87, 93, 96, 97, 107, 110, 116
M. Neumann 44, 55, 56, 57, 78
P. Schäfer 5
M. Thomas 4, 7, 8, 19, 22, 25, 27, 48,
62, 65, 69, 71, 77, 81, 85, 91, 99, 101, 112, 114